书山有路勤为径，优质资源伴你行

注册世纪波学院会员，享精品图书增值服务

企培智胜

专为企业培训人定制的销售宝典

夏凯 · 著

电子工业出版社
Publishing House of Electronics Industry
北京·BEIJING

图书在版编目（CIP）数据

企培智胜：专为企业培训人定制的销售宝典/夏凯著. —北京：电子工业出版社，2022.3

ISBN 978-7-121-43001-5

Ⅰ. ①企⋯　Ⅱ. ①夏⋯　Ⅲ. ①企业管理－职工培训　Ⅳ. ①F272.92

中国版本图书馆 CIP 数据核字（2022）第 030810 号

责任编辑：杨洪军
印　　刷：北京建宏印刷有限公司
装　　订：北京建宏印刷有限公司
出版发行：电子工业出版社
　　　　　北京市海淀区万寿路 173 信箱　　邮编 100036
开　　本：720×1000　1/16　　印张：10　　字数：144 千字
版　　次：2022 年 3 月第 1 版
印　　次：2025 年 5 月第 2 次印刷
定　　价：59.00 元

凡所购买电子工业出版社图书有缺损问题，请向购买书店调换。若书店售缺，请与本社发行部联系，联系及邮购电话：（010）88254888，88258888。

质量投诉请发邮件至 zlts@phei.com.cn，盗版侵权举报请发邮件至 dbqq@phei.com.cn。

本书咨询联系方式：（010）88254199，sjb@phei.com.cn。

前言

企业培训的那些事儿

这是一本专门为企业培训人定制的销售宝典。书中将探讨如何把企业培训做得更出色，以帮助企业获得更好的培训效果和价值。

希望本书能够帮助大家更好地了解企业培训这个行业。

企业培训销售之挑战

企业培训销售人员经常遇到以下情形：

客户自己组织的培训需要满足他们自身的一些条件，例如时间适当、上级安排、人员集中等，所以销售人员都说做培训要慢慢来，不是光靠努力就能成交的。

销售人员无法深入理解客户所在的行业和具体业务，只能就课程谈课程，就合作谈合作。

客户要什么，销售人员就只能给什么，因为他们服务了太多的行业，服务了太多不同业态的客户，反而没有办法深入了解每一个客户，并为其提供更加定制化的服务。

客户要么没需求，要么有需求就特别着急。客户一说要培训，销售人员马上就得报方案和推荐老师。

有时客户自己也说不清楚需求，只要课纲和老师介绍，销售人员如果不报就是不配合。有时客户找到了对应的课程和老师，但又总觉得不合适。

在销售人员报了方案和推荐老师之后，客户又去咨询他人，反倒没消息了。

有时客户的需求各种各样，想法五花八门，反而销售人员资源有限，满足不了所有的需求。

面对客户明确的需求，销售人员提供的课纲等资料没什么差异，推荐的老师也都能找到。

有的培训机构成本很低，课程价格很便宜，所以销售人员报送的价格不具备竞争力。

推荐的老师比较大牌，不太愿意与客户开会，交付课程的老师总是匹配不好，客户不满意。

……

出现以上情形的核心原因是什么呢？

我们都在从事企业培训工作，但企业培训的基本逻辑是什么？培训项目的需求来源是什么？企业培训立项是一个什么样的过程？销售人员如何管理好自己，怎样才能完成销售业绩？

客户的需求和项目到底是从哪来的？客户的采购主要有哪些人来参与？影响决策的是什么人？参与者内心是什么样的？他们会关注什么？客户的采购逻辑是怎样的？

一位行业内资深的从业者、某知名培训机构的合伙人认为，当前销售人员需要具备以下三个关键能力：

➤ 需求澄清能力，不是客户要什么就推荐什么，要真正理解客户需求背后的真实诉求。

> ➤ 对客户所在行业和开展业务的理解能力，能够跟客户的培训部门一起给业务部门提出相应建议。
> ➤ 面对确定需求体现专业差异能力，而不是一味地和竞争对手拼价格。

我与企业培训的渊源

作为一名有 20 多年工作经验、10 多年企业培训经验的从业者，我想与大家分享一下与培训相关的那些事儿。

我之前在一家公司做一线销售，做了 7 年。当时作为学员，我接触了公司的培训（如基本的职业化系列培训），并参加了本土首批解决方案销售的实战训练营（那是一个培养项目，当时集团要从产品销售转型为解决方案销售，便从全国的公司里选拔了最优秀的一批人才，开展了为期半年的系列训练和培养，结合自己的实际客户和业务进行拓展攻坚）。当年我作为客户经理签的全集团首个千万元大单，也正是在那样的方法论指导下和训练培养下拿下的。后来我升任经理，参加了新任经理的领导力系列培训，以及一个分公司后备总经理的培养项目。

之后，我被调到集团，负责总部的行业业务拓展工作。在那 4 年里，我负责管理全国业务拓展工作，同时负责行业营销人才培养的需求提出和项目实施。我提出了"区域行业经营方法"课程的开发需求，参与了营销关键任务和人才分级能力建模。当时作为甲方业务主管和需求提出者，我与培训发生了若即若离的关系。

当集团组建企业大学时，我被选去负责组建营销学院，在那里工作了 3 年。这期间我就变成了面对培训机构的甲方，与多家知名的培训机构进行了深度合作，参与了选型、组织、实施多个项目，主持开发了系列培训课程，构建了专业的人才培养体系，并实施了很多培养项目。在此期间，我是培训管理人才培养体系设计的人员，同时也是一名内训师。

后来企业大学并入了新成立的教育公司，面向院校和企业开展相应业务，我又在教育公司工作了3年。我有幸参与教育部的职业教育改革项目，对教育理论体系、高校系统专业建设有所涉猎，同时对行业内知名企业的企业培训、人才培养、版权课程、企业大学建设等方面也有一些涉及，这时的我转变为一名培养体系设计者、教育培训业务管理者。

最近6年，我作为一个咨询服务机构的负责人、互联网创业机构的创始人（同时又是乙方，还做过咨询师和讲师），主持了培训平台的研发设计、系列版权课程的研发运营，并帮助很多知名头部客户提供训战一体化项目的实施、赋能服务和绩效提升的服务项目。

这些年来，我先后做过学员、甲方管理者、内训师、职业讲师、咨询师，进行过培养体系的构建和运营平台的设计研发。我与培训的渊源着实不浅。

基于这些身份不同的视角，我开始撰写本书，希望与大家一起探讨，企业培训的业务逻辑和底层购买逻辑到底是怎样的，如何更好地了解企业培训，以及如何更有效地推广业务。

共探企业培训这条路

希望你通过本书能够获悉：

- 客户为什么要开展培训或培养项目；
- 客户的决策流程和关注重点是什么；
- 培训的整个过程是怎样的，每个人的心理和预期又是什么；
- 如何在不同的环节与不同的客户打交道；
- 如何澄清需求，让客户感觉找到了懂自己的人；
- 如何体现自己的专业性，而不是一味地拼价格；

- 如何在年初就能和客户一起做好计划和预算；

- 如何提升自己的销售业绩；

……

本书内容包括：行业篇，主要介绍企业培训行业的发展趋势、特征；客户篇，介绍如何了解客户所在的行业和开展的业务；销售篇，讲述课程和项目方案的销售流程、方法、要点；技巧篇，围绕与客户的深度的预约、沟通、探询澄清，介绍如何呈现优势、获得认同承诺、安排老师和客户沟通，以及招投标的一些注意事项；管理篇，介绍如何做好客户管理、商机管理、业绩管理、日程和行为管理；应用篇，与前面各篇不同，前面各篇基于个体销售人员，本篇则基于培训机构如何进行销售管理。

希望这些内容能助你成为一名企业培训领域的精英！

目　录

第 1 章

行业篇

第1节　企业培训特征与趋势

一个行业的特征和趋势，对行业发展至关重要，企业培训行业也不例外。但现在，我们先换个角度看看企业培训这件事情（见图1-1）。

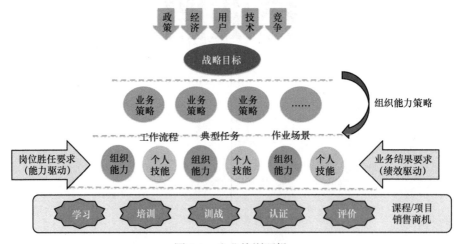

图 1-1　企业培训逻辑

从战略到培训

为了应对外部环境的变化，如政策调整、经济形势变化、用户需求改变、技术的进步和竞争等，企业会制定战略目标，同时会把战略目标分解为多个业务策略，如市场策略、研发策略、人力策略、生产策略等。

在业务策略梳理生成之后，不同的业务策略会影响相应的工作流程和工作方法，包括一些典型任务及作业场景。

如果战略目标变了，工作流程、典型任务和作业场景也有可能发生变化，而企业与之配套的组织能力、个人技能就需要随之发生变化。

例如，某企业以前销售净水机给渠道商，然后渠道商通过卖场直接将净水机销售给消费者，这时候的关键能力是企业发展渠道和渠道商在门店向消费者推荐产品的能力。

电商兴起之后，企业需要直播带货，那么拓展电商销售渠道就成了企业新战略的一部分。同时，由于业务策略要构建电商平台，员工需要具备相应的运营能力，工作流程和作业场景也发生了变化，此时就需要组织能力、个人技能做出相应的匹配，以应对和落实这种变化。

企业培训和人才培养，既有面向岗位胜任要求、能力方面的，又有面向业务结果要求、绩效方面的。

什么是能力驱动？举个例子，如果现在要求每个人都会做直播、在线销售、卖货、运营社群，那么它们就是基于岗位职责和工作任务的，是由岗位胜任要求驱动的，即可理解为是能力驱动的。

然而，为了做直播和在线销售，需要考虑培养多少粉丝，怎样优化客户结构，通过什么方法能够实现销售收入目标，同时为了实现特定的业务目标和业务结果，需要开展相应的赋能培养和训练，这就是面向业务结果要求的，即可理解为绩效驱动。

在以上这些业务举措和工作任务、业绩结果的驱动下，就会衍生出很多培训课程、培养项目、训战项目，这也就是很多企业培训咨询机构和培训中心所谓的商机了。

而我们很多时候看到的学习、培训、训战、认证、评价等机会，是由于企业要构建某种能力，这种能力需求的产生是因为客户工作流程、典型任务和作业场景发生了变化；发生这些变化是因为企业业务策略甚至战略发生了变化。

培训形式变化

我们看到的不应该只是课程。

我们知道在培训的时候，一门好课，老师不能讲太多，要有练习和互动，要讲原理（Why）、定义（What）、方法（How），还要去练习（Do）。所以，有人会用这些形式、不同形式构成的比例来评估一门课是不是好课。

而这时我们要思考一个问题：我们在培训之前和之后应该做什么？

培训前后要做的事如图 1-2 所示。

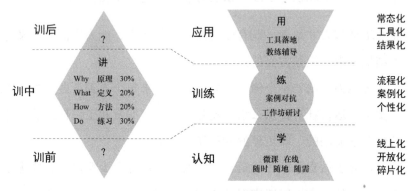

图 1-2　培训前后要做的事

现在很多培训都衍变成训战项目和培养项目。在这种情况下，课程更多是工作坊研讨或者案例对抗的形式，进行一些经验交流或思想碰撞。

那么训前要做些什么呢？这时候微课和在线学习就发挥作用了，它们可以随时、随地、随需帮助学员完成知识点的学习，为现场的讨论和工作坊做好知识输入和准备。

训后还能做些什么呢？要有落地应用，真正将培训转化为行为和结果，无论是通过方法还是工具，或通过外部教练和内部管理者的辅导带教，让学员真正能够用起来。

所以，在这个过程中，我们不应该只关注课程怎么讲，还要明白训前、训中、训后的关系和逻辑是什么。

训前，主要进行认知的输入，知识形式呈现线上化、开放化、碎片化。训中，操作要更加流程化、案例化、个性化。训后的应用，要能够常态化、工具化、结果化。这样才能解决培训希望解决的问题，才能达成希望达成的目标、实现希望实现的结果。

所以，培训课程不仅要实用，还要有实战和实效性，同时可以应用好在岗辅导模式、线上线下融合模式，以及数字化的手段和模式，这也是培训演化的趋势和过程。

培训方式 OMO

OMO（Online-Merge-Offline）是线上线下融合模式。举个例子，在企业培训领域，训前有线上的微课自学和考试，线下则提供一些案例让大家做研讨和分析，以便大家更加深入地理解知识点。训中可以通过一些线上工具和系统做练习或对抗，用数据进行分析和体验，线下则进行面授分析和讲解。整个培训过程体现出"线上、线下、线上、线下"轮替的效果。

在面授分析、讲解和演练研讨之后，我们可以继续设置线上应用，辅导学员的实际工作，同时针对应用结果和改进效果，进行线上的数据分析诊断和线下的持续改进反馈，最终形成闭环。

一个好的学习项目、培养项目或训战项目，应该是线上线下融合模式的，但并不只是"结合"，不是简单的"线上学习+线下培训"模式，更重要的是构建一个"数据底座"（见图 1-3）。

把所有的资源（行为、动作、成果等）都变成数据。有了数据底座，其实这个任务是在线上做，还是在线下做，已经完全融合无法区分了。

例如训中做一项任务，原先是做出任务结果和讨论成果，现在就要变成数据存储、应用和分析。

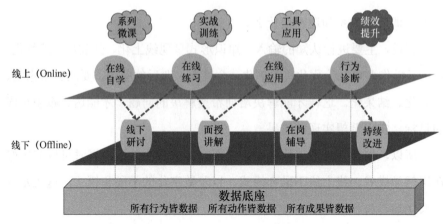

图 1-3　OMO 的数据底座

所以说从 O2O 到 OMO，这是一个充分融合的过程，是基于数字化手段的充分融合过程。

【本节练习】

请你分享对企业培训新的认知和思考：

你收获了哪些新观点？

是什么原因让你关注这些观点？

你有什么新的思考并获得了哪些启发？

第2节　客户服务关系层级

企业培训领域都有什么样的产品和服务呢？这些产品和服务又是什么样的深度或层级呢？先来看看企业是如何看待培训这件事情的。

从战略到能力

企业会依据外界环境的变化来制定自己的战略，并制定战略落地的分解举措，即业务策略。在制定业务策略后，工作场景和工作方式会发生变化，能力需要变革升级和转型，所以就有了课程培训和咨询项目的出现。（见图 1-4）

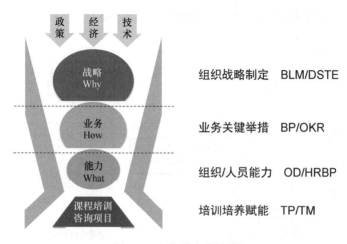

图 1-4 企业眼中的培训

在这个过程中，企业有其特定的流程。第一是组织战略制定，包括我们常说的类似业务领先模型（Business Leadership Model，BLM）和战略分解从战略到执行（Develop Strategy To Execution，DSTE）的流程。在业务关键举措中有商业计划和业务计划，还有很多组织现在都在谈的目标与关键结果（Objectives and Key Results，OKR），即关键目标管理和关键行为管理的分解。

在这个过程中，我们看到跟能力相关的是组织和人员能力建设，包括组织建设发展、人的能力构建两个角度。培训培养赋能项目，是为企业的组织能力和个人能力去构建和发展的，在企业中这些是服务于业务策略和战略方向的。

以上是企业眼中的培训，我们也要站在企业的角度去思考和关注培训。

业务合作关系

那么一个培训咨询机构、企业培训中心，会与业务部门（其实也是他们的客户）建立什么样的合作关系呢？（见图 1-5）

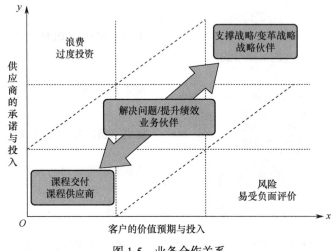

图 1-5　业务合作关系

我在做企业大学营销学院负责人的时候，接触过很多培训公司，各家都有系列的精品课程。他们可能是由一些朋友或者领导推荐过来的，见面经常会说："夏院长您好，很高兴认识您！我们是专门做××培训的，我们有几个经典的课程，希望有机会能合作一下！"

在这种情况下，交流更多是在围绕他们的课程。当然，他们也会问我们的公司情况、业务情况、人员情况，但看得出来，他们是在"找毛病，来对应自己手中的药方"。他们会说"我们这个课程能解决很多问题，例如客户拜访的问题，解决方案怎么写的问题，价格卖不上去的问题，我们都是能帮你解决的，我们帮很多企业解决过……"，说得好像我们必须有这需求一样，如果没有这需求，我们就档次太低了。

在这种情况下，他们其实是一个"课程供应商"，所做的事情，主要就是作为一个"交付者"来交付课程；销售的目的和出发点，就是为了卖出他们的课程，因为讲完课程、拿完讲课费，服务也就结束了。

还有一种情况，企业客户的价值预期会更高，客户投入度会更高，供应商的承诺和投入度也会更高。如果能够帮客户解决业务问题，以解决问题为核心目标，我们就能与客户建立业务伙伴关系。例如，销售团队现在缺线索要如何解决？大单赢率低怎么办？研发效率慢怎么办？项目实施中的项目管理变更太频繁、客户不满意怎么办……

作为一家培训咨询机构和服务商，能否成为客户的业务伙伴，取决于能不能帮客户解决以上这些问题，或者说给客户一些解决问题的思路和方法，以及手段和工具。

再往上，则是我们能支撑一个组织的战略转型和重大变革。例如，以前客户做分销，现在要做大客户和头部客户直销，这是他们非常重要的一个战略；又如，以前客户的产品卖给渠道和门店，现在要通过大规模个性化定制做一些高精尖产品，走独特的销售渠道。作为培训咨询机构或服务商，如果能帮助客户，为其提供相应的支撑和服务，就会成为客户的战略伙伴，或者说战略支撑伙伴。

按照与客户或业务的合作关系，我们可以把供应商分为三个层次。

第一个层次是课程供应商，这种层次的供应商基本上就是卖课，一天收费2万元、3万元、5万元、8万元或者20万元，卖完之后一次一清，但是不关心客户的问题有没有解决，即便想努力解决，交付姿势和交付方式已经决定了——只能是上完课走人。

第二个层次是客户的业务伙伴，要花时间和精力去定义客户的业务问题。

第三个层次就是成为客户的战略伙伴，双方深度融合，彼此深度了解。

当然，如果客户就想买一个课程，而我们做得特别复杂，就会导致浪费和过度投资。如果客户期望值非常高，投入非常大，而我们只能给客户一个课程，那就会面临风险，容易收到负面评价或者客户会转身寻求他人的帮助。

培训的三类产品

跟客户的三层合作关系，决定了不同的产品和卖法。（见图 1-6）

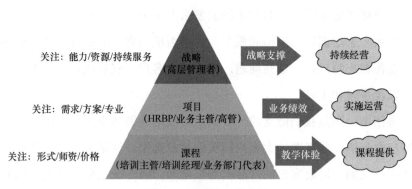

图 1-6　培训的三类产品

第一类是课程。课程中参与的人员是培训主管、培训经理，包括业务部门代表，客户关注的是课程的形式、老师的水平和风格、课程的价格。客户关注教学体验，你就是课程供应商。

第二类是项目。项目由 HRBP、业务主管和高管参与和发起，包括培训经理和项目经理以及学习负责人等（这些人都可能是发起人和组织者）。在这种项目中，客户更关注需求、方案和专业，追求的是业务结果和业务绩效，而需要培训咨询机构或服务商提供咨询、运营、实施方面的服务。

第三类是战略。客户的高层管理者会出面和参与，客户关注培训咨询机构或服务商的能力、资源和持续服务的可能性。客户希望培训咨询机构或服务商提供战略支撑，要有持续经营能力，因为这不是"一锤子买卖"，也不是一两个月就结束的，可能未来几年要持续合作，深度了解和融合，并且共同发展。

从这个角度来讲，我们有课程级销售、项目级销售，以及头部客户经营三类经营模式。

在不同类型的经营模式中，可以将与客户的合作关系细化成五级。（见图1-7）

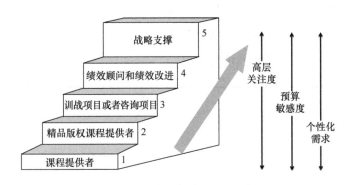

图1-7　细化后的客户合作关系

第一级是课程提供者。第二级是精品版权课程提供者。第三级是训战项目或者咨询项目。第四级是绩效顾问和绩效改进。第五级就到了客户的战略支撑。

要想成为客户的战略支撑，需要对客户的背景和战略有所了解，并且能够真正为客户提供战略转型所需要的能力和资源。

层级越往上越受高层关注，预算敏感度越低，高层往往更在意事情能否做好。层级越往上越个性化，越往下越标准化。

例如一个版权课程，无论被用到哪里，交付步骤和质量都不会有太大差别。所以基本上不会做很个性化的课程，最多是在案例对抗中为一些学员的习惯做一些微调，但是大部分是标准的，但往上做，如训战项目、绩效改进、战略支撑，产品就会越来越个性化。

这事关一家培训咨询机构或服务商的经营定位。

那么，你是为客户做产品、做项目，还是做战略？你跟客户的关系是这五层关系中的哪一层呢？

【本节练习】

请分享你所经营客户的关系层级：

你的大部分客户属于哪个层级？

哪些是业务层级？主要做了什么？

哪些是战略层级？有何不同？

第3节　培训产品主要类型

产品/服务形式之金字塔

我们来看看目前主要培训咨询机构或服务商为客户提供的产品或服务有哪些形式或类型。

客户认知类的课程有很多线上的学习资源。例如，在线课程学习包和微课。

为了满足客户线上训练的需要，企业会有一些面向任务、作业和反馈的线上训练营；在线下集中上课的时候，会安排客户面向情境、流程、方法的演练和体验。

很多时候企业会围绕客户的真实任务和真实工作，通过行动学习和制定行动方案的方法，为客户开展相应的工作坊。

企业还会给客户提供在岗辅导，针对在岗与实战结合的一些培训辅导落地项目；还会通过一些项目来提炼竞赛，进行成果的萃取、检验和校验。

我们看到，在企业培训领域，有在线微课学习的方式，有线上训练营和运营的模式，也有线下精品课程的工作坊、在岗辅导，以及真正的实战——在岗对抗和竞赛，模式非常多。（见图1-8）

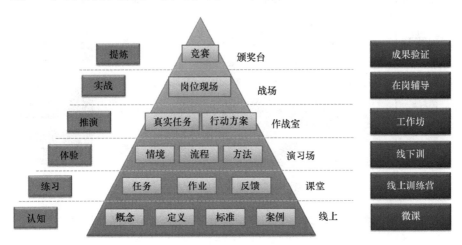

图1-8　产品/服务形式之金字塔

企业中的四类学习

这些不同层次的产品/服务形式，从学习角度，对应四类学习。（见图1-9）

第一类是认知，可能是面向某些特定的知识点、应知应会的内容。

第二类是行为改变，可以在某些特定任务环节中应用某些工具或流程，来完成相应的任务。

第三类是调用反应，在模拟的真实业务情境中进行，对多种知识和工具进行组合应用，用来针对某些特定问题，制定问题的解决方案。

第四类是智慧应用，在真实工作场景或业务场景中，对所有知识技能进行综合应用，通过融会贯通和智慧化应用，解决真实工作岗位的复杂问题。

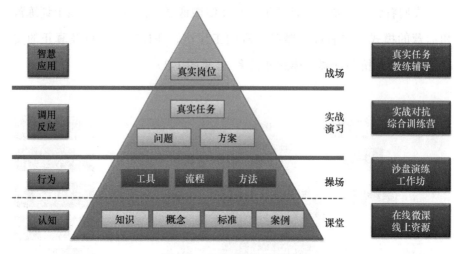

图 1-9 企业中的四类学习

对于不同类别的学习，我们需要提供不同层级的产品和服务。

多种形式促进落地

给大家举一个"一鱼多吃、一课多用"的例子。

销售罗盘有一门精品课程叫"策略销售"，围绕这门课程销售罗盘进行了很多产品和服务的创新和延伸。（见图 1-10）

例如先将知识点做成一个系列微课——"赢单九问"课程的 30 节微课，配一套随时考试和答题的测试题，用微课加考试，实现其概念和知识点的导入。

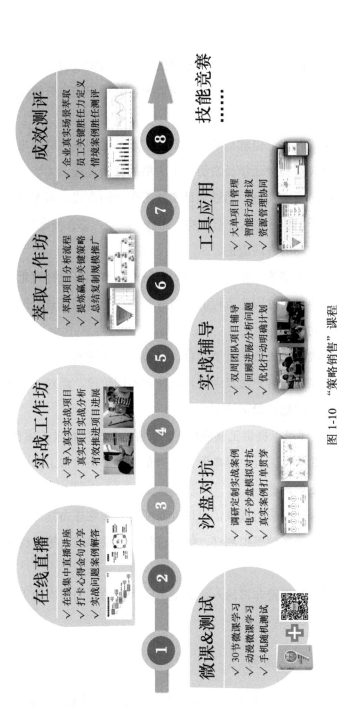

图 1-10 "策略销售"课程

微课&测试
√ 30节微课学习
√ 动漫微课学习
√ 手机随机测试

① 在线直播
√ 在线集中直播讲座
√ 打卡心得金句分享
√ 实战问题案例解答

② 沙盘对抗
√ 调研定制实战案例
√ 电子沙盘模拟对抗
√ 真实案例打单贯穿

③ 实战工作坊
√ 导入真实实战项目
√ 真实项目实战分析
√ 有效推进项目进展

④ 实战辅导
√ 双周团队项目辅导
√ 回顾进展分析问题
√ 优化行动明确计划

⑤ 萃取工作坊
√ 萃取项目分析流程
√ 提炼赢单关键策略
√ 总结复制规模推广

⑥ 工具应用
√ 大单项目管理
√ 智能行动建议
√ 资源管理协同

⑦

⑧ 成效测评
√ 企业真实场景萃取
√ 员工关键胜任力定义
√ 情境案例胜任测评

技能竞赛
......

针对学习过的学员，企业可以安排线上直播的实战营，围绕大客户销售的策略分析，通过系列线上直播，带着大家分析问题，分析案例，制订策略和计划。

线下的实战对抗，也就是培训课堂上，通过定制案例进行电子沙盘的模拟对抗，用真实案例让学员亲历一个大单的打单过程。

针对客户的真实项目，通过项目实战工作坊的方式，跟客户一起分析他正在打的单子，学习怎么分析优势、劣势、风险，怎么制定有效的策略，以推进项目往成功的方向迈进。

在客户的实际销售工作中，每双周和特定环节，可以针对重点项目开展双周实战辅导，通过固定流程的项目分析会，分析项目最新形势并制订相应策略和行动计划。

对于一些成功或失败的重要项目，以萃取工作坊的方式，总结萃取赢单路径、客户组织、客户决策逻辑，以及在不同阶段、面对不同形势下的策略和打法，最后把经验沉淀下来。

与此同时，还可以提供工具应用，如销售罗盘提供特定的项目型销售、解决方案销售的打单工具"赢单罗盘"来帮助客户在日常工作中使用，助力客户将所学更好落地。

对于这门课程的应用成效，可以针对性地开展胜任力测评，还可以结合日常积分、情景案例模拟测评、综合过程与结果多维度等结构化评价方式，开展技能竞赛。

一门课程可以做得非常深入，满足不同客户的不同层次的需求。

四类企业培训产品服务

总体来看，在培训行业的产品分类中都有哪些产品服务的类型呢？（见图1-11）

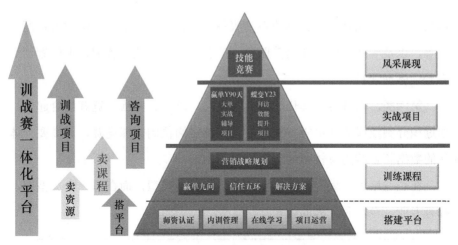

图 1-11　四类企业培训产品服务

第一类，搭平台。企业会构建自己的在线学习平台，把相应的学习资源放上去，应用平台来开展知识学习和项目运营。很多在线学习平台和 E-Learning 学习平台公司提供账号和资源给客户，帮客户搭建自己的学习平台。目前市场上提供在线学习平台的公司很多，其功能和特点大致相近，各自的应用场景和核心优势又各有侧重。

第二类，卖资源。例如在线课程、微课、学习包等，属于教学资源，或者在线学习资源。有很多知识产品提供者，将知识产品开发成在线课程资源包，通过在线课程、视频、音频等方式，供客户选择和学习使用。

第三类，卖课程。包括一些精品版权课程、面向企业客户内训的面授课程，以及市面上一些老师为满足客户需求而攒出来的课程，也包括本身标准化的课程，还包括课前课后组合起来，以课程为中心的课程解决方案包。

第四类，训战项目。面向客户的业务和实战应用，以业务应用为目标进行的培训和辅导等组合服务，例如销售罗盘的"蝶变 Y23 拜访效能提升项目""赢单 Y90 大单实战辅导项目"等。

第五类，咨询项目。面向企业某些特定岗位人才培养体系设计、课程体系建设、资源开发等目标的咨询服务，例如学习地图、岗位学习资源开发等，以及一些专业人才培养服务，或者类似一些战略咨询、继任者计划等专项咨询项目。

第六类，训战赛一体化平台。将学习、培训、实战、竞赛结合起来，通过积分制或成果评价等方式开展某些特定岗位的技能竞赛，这需要一体化的数据整合能力及较强的运营服务能力。

在企业培训领域，有非常多的产品和服务类型，而在每一个类型中，都有专业、专注和优秀的公司。

【本节练习】

请分享你销售的主要产品服务的类型：

你收获了哪些新观点？

你（及公司）主要在做哪些业务？

你（及公司）希望延伸或拓展哪些业务？

第 2 章

客户篇

第1节 客户所在行业的特征

无论在哪一行，都要做一个"懂行"的人。

为什么要分析客户的行业特征呢？

同一行业的客户，业务相近或相同，便于我们学习和了解；需求相近或相同，便于我们快速复制；采购流程大致相同，便于我们提高销售效率。同时，客户本身又可能在同一个圈子里，可以互相影响。

我们需要投入精力去深度了解每一个客户。但如果去深度了解每一个客户的个性化需求，效率就会低下。而我们的经营目标需要规模化，但规模化经营，只能根据客户的共性需求或标准需求，卖出标准化的产品。

行业化能将客户的个性化需求，在同类客户群体中最大限度地复制，可以取得"个性"的"规模"效应。同时，将"标准产品"规模化，与行业的个性化需求结合，可以更好地提升标准化产品的内涵和竞争力。

行业划分方法

培训行业是怎么划分的？

大的分类有能源、金融、制造、运营、科技、大消费、大健康等。当然，不同公司和不同领域的分法可能不太一样。

我们以金融行业为例。金融行业包括银行、证券、保险、基金和非银行金融机构等。其中的每一个都可以再细分，例如银行，可以细分为国有大型银行、股份制银行、城商行、农商行、信用联社，以及很多村镇银行。

同样是银行，其经营特点、所有制和业务结构又都不太一样。

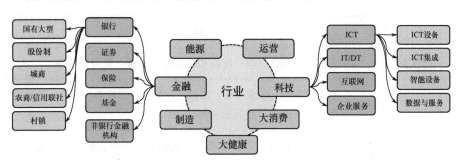

每一个行业都会有很多细分行业，而当我们了解每一个细分行业之后，就可以找到同类客户的共性特征。

行业特征分析

我们可以通过行业特征分析表来了解行业的特征。

如果想做一个懂客户，并且了解其行业业务特征的人，那么你可以关注这些维度，例如客户的上游和下游、主要客户及收入、主要成本结构、主要人力成本构成、关键人才和关键岗位、核心竞争要素、战略转型阶段、主要业务单元和关键业务痛点等。

如果能把一个客户的这些维度梳理出来，我们就会非常了解这个客户，同时在这个客户身上将不会错失商机。

给大家举一个白色家电企业的例子。

在表 2-1 中，企业的上游是钢铁、电子配件和包装等，下游是消费市场，包括房地产等。其中还包括主要客户及收入、主要成本结构、关键人才岗位、核心竞争要素等。例如战略转型阶段要从 2C 到 2B，要智能化，要从销售设备到提供运营，要在线电商销售……这些都是对白色家电企业转型过程的描述。

表 2-1 白色家电企业的特征

行　　业	白色家电企业
产业上下游	上游：钢铁、电子配件和包装等；下游：消费市场等
主要客户及收入	主要客户：公众市场、房地产、政企、院校等；收入：产品销售、联合运营、装后服务等
主要成本结构	原料、设计、广告、渠道、促销、大客户、生产、物流、服务等
主要人力成本	生产、销售、渠道、管理（以及行业内公司的人员大致比例）
关键人才岗位	设计研发、生产管理、生产工人、渠道管理、门店主管和促销员、大客户经理
核心竞争要素	核心技术、设计创新、生产质量、市场品牌、渠道布局、创新商业模式等
战略转型阶段	从消费者到精装，从 2C 到 2B，智能化，从销售设备到提供运营，在线电商销售等
主要业务单元	设计、生产、质量、大客户销售、分销渠道、投资、数字化等
关键业务痛点	数字化转型、设计创新、大客户销售推广、电商新营销模式、质量品控等

至此，我们可以看到，企业有很多业务策略需要组织和能力的转型。我们能感觉到，这里有很多事情可以做，如关键业务痛点、数字化转型、设计创新、大客户突破、电商新营销模式、质量品控等。

在把这些内容和结构列出来之后，我们就会发现客户的很多业务特点、痛点和需要转型的关键任务和切入点，蕴藏着很多机会。利用它们，我们可以和客户探讨，说不定未来它们会变成你的商机。

【本节练习】

请制作一张行业特征分析表。

要求：选择一个你擅长的行业，列举你所知道的各分析要素，通过客户或同行对该表进行校验和完善。

第2节　客户业务与目标理解

如何了解企业的业务？如何了解企业培训背后的业务目标？

业务深度决定差异

为什么要了解客户的战略和业务？

真正以客户为中心，理解客户战略目标和业务需求是一种能力。我们要去了解培训背后的商机来源，即是什么让客户决定去做一次培训。或者，我们怎样去建立一个"懂客户"的差异化优势，把我们和竞争对手区分开？

现在市场上的竞争大多是围绕课程、老师、关系和价格进行的。在这些方面大家竞争得很激烈，很难创造独特且有价值的差异。

怎样才能更加了解客户，建立真正的差异化优势？

未来真正的差异化，在于我们能否了解客户的业务特征、了解客户的业务目标、知道客户的典型应用场景和关键人员的行为能力、了解要解决的典型问题，真正建立一种区别于他人的差异化。（见图2-1）

以客户为中心，基于客户战略目标和业务需求理解培训商机来源

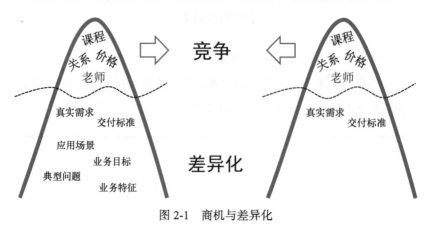

图 2-1　商机与差异化

战略业务分析工具

怎么了解客户的战略和业务？

培训源于客户的业务目标。客户从战略目标分解，制定出关键的业务举措，这些关键的业务举措会落实到具体的业务场景、业务团队和人员能力上。客户要实现特定的业务目标，而很多业务场景的落实，都需要人、行为方式、工具发生变化，所以就有了培训需求。

因此培训需求源于客户的业务场景和业务行为的变化，业务场景和业务行为的变化是由业务目标驱动的，而业务目标又是由客户的战略和业务举措要落地分解而来的。（见图 2-2）

知道这样一个逻辑后，我们就知道培训的需求、商机和目标到底从哪来，或者说怎样能够更好地去寻找商机。

下面给大家介绍一张表。（见表 2-2）

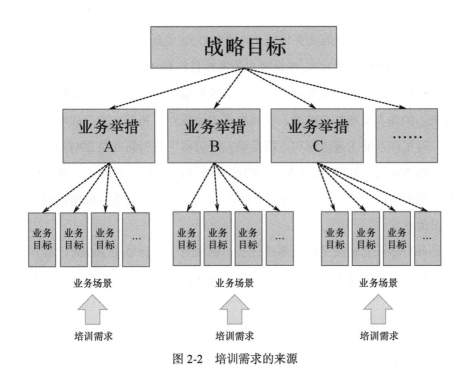

图 2-2　培训需求的来源

表 2-2　客户业务需求分析

业务领域 （主要业务条线）	营销中心		
主要业务目标	（1）收入增长 30% （2）客户结构调整		
关键业务举措	人员增加 300 名	在线销售占比提升	拓展大客户战略
主要岗位与 HC	分公司销售部 2000 人	电商部 30 人 直播 100 人	KA 部 40 人
实施关键任务	加大招聘力度 快速胜任和出单 减少流失率	发展全员直播 培养重点 IP 在线社群营销	商机获取 提升单产 赢率提升
可能的潜在需求	人员招聘 新员工训 管理者带新人	直播培训 社群营销	销售流程 解决方案的销售 方法 大单的控单

表 2-2 包括客户的业务领域（营销中心）、主要业务目标（如收入增长 30%、客户结构调整），这些是客户的考核目标和业务目标。

怎样实现？客户会有相应的关键业务举措，或实现业务目标的路径和方法。例如人员增加 300 名，在线销售占比提升，拓展大客户战略。

这里涉及的主要岗位和人群是谁？分公司现有销售人员 2000 人，还要再增加 300 人，达到 2300 人。同时在线销售，电商部有 30 人，合作的直播机构有 100 人，大客户销售 KA 部有 40 人，这是目前的主要岗位和一些人员的状况。

每一部分的实施关键任务是什么？例如对于人员增加 300 人，客户要不要加大招聘力度？人员到位后如何能快速胜任和出单？如何降低新人的流失率……

这里涉及很多潜在的需求。例如客户是不是有招聘需求？相关人员有没有招聘能力和培训需求？如何教招聘人员面试？要不要培训新员工？新员工训练的方案是什么？新员工到岗之后，他们的管理者如何带教？会不会出现管理者如何带教新人的潜在需求？

对于在线销售占比提升，例如客户要发展全员直播，要培养重点网红 IP，还要做在线社群营销，这种直播怎么搞？社群怎么营销？网红 IP 怎么打造？这些是不是一种潜在的需求呢？

当然，大客户销售也一样，如何获取商机？如何提升单产和盈利？销售流程、解决方案的销售方法和大单的控单，会不会成为潜在的痛点和需求？

通过这样一张表，我们可以看到，客户需求的背后要服务于岗位人群与工作任务的变化，服务于业务策略、业务举措和业务目标。

对客户的根本需求去分析，我们就能知道客户需要什么，梳理下来之后就会发现非常多的潜在机会。

【本节练习】

请完成一张客户业务需求分析表。

要求：选择一个你较熟悉的重点客户，分析客户的业务目标和需求情况，与同事（或客户）讨论所填写内容。

业务领域 （主要业务条线）				
主要业务目标				
关键业务举措				
主要岗位与HC				
实施关键任务				
可能的潜在需求				

第3节 客户培训计划与结构

企业培训计划是如何生成的？培训计划又有什么样的结构？

战略驱动年度计划

培训计划的来源，首先是由客户的战略和业务驱动的，有一个"从战略到业务、从业务到培训"的从上到下的战略任务和业务需求的分解过程，或者"从培训到业务、从业务到战略"的从下到上的需求计划的汇总过程。

首先，培训部门对战略进行接应和理解并将其与业务对接之后，主动进行培训计划的设计和梳理，同时向各个业务部门发放调研问卷，了解各个业务部门的培训需求。然后，培训部门对业务部门提出的需求进行汇总，形成全年人才培训和培养计划，并报请公司相应部门审核和审批，进行年度计划预算的报送，制订年度计划。最后，围绕年度计划来实施。很多大公司的大部分培训计划都是年初制订好，然后按计划开展实施的。（见图2-3）

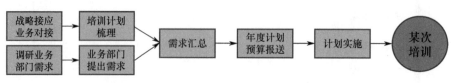

图 2-3　战略驱动年度计划

业务驱动专项计划

当然，有一类培训计划是在业务开展过程中产生的，例如管理者或者业务部门提出了一些重要的举措和部署，为了配合举措和部署的落实，就要进行一些专项的能力提升，如专项的认知提升，或者专项的训战赋能项目。（见图2-4）

这种计划有可能是以某个重要业务目标为驱动、以某个时间段为周期、以项目方式开展的。所以这时候培训部门会出一个培训方案，并进行预算资源的匹配，形成这次培训。区别于年度计划，这种计划可能是临时的、专项的，或者是领导特别指定的一些重点工作。

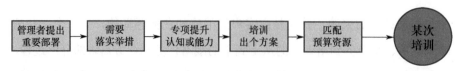

图 2-4　业务驱动专项计划

变化导致临时计划

还有第三类计划。当业务发生一些变化或者业务出现一些问题时，管理者觉得是因为某些人的能力不行，此时就需要对这些人加强培训。也可能因为业务部门提出某些需求，或者某些业务负责人接触了一些外界人士，听说某方法论不错，或者听说别家公司正在做什么，所以建议搞个培训。（见图2-5）

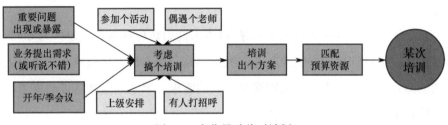

图2-5 变化导致临时计划

另外，公司分布在全国的销售人员要回来，公司总经理要开个集中的会议，会上是不是搞个半天一天的培训？所以这又会产生一些培训需求，根据年度、季度或者当整个团队集中的时候加个培训。

一些业务主管和培训主管参加一个活动、偶遇一个老师，或者上级领导做了安排，或者有朋友打了个招呼，或者负责人参加了一个论坛，感觉讲得很不错，觉得自己公司也需要，或者大家都说这个老师不错，请来讲讲吧，就又安排个培训……

我们发现，这类计划具有偶发性，也有临时安排的可能性。这时候培训负责人或培训部门就要负责出一个具体的落地方案，匹配相应的预算和资源，开展这次培训。

无论如何，最终所有的费用、所有的资源都要与年度计划和年度预算关联，都要从总体预算中进行列支。

综上所述，培训的计划来源有几种，首先是年初的战略设计和业务需求的汇总，其次是专项或者领导的工作部署、需要落地举措，最后是一些偶发的计划。

培训业务两类驱动

在你的客户中，培训都存在哪些情况？

按照企业培训的驱动要素，有的培训是培训驱动，有的培训是业务驱动。

培训驱动有固定的计划和预算，以人人能力达标或者人人过关为导向，多数情况是培训部门去找业务部门组织实施，属于形式和技术方法手段上的创新。业务部门主要是响应这些培训的需求，来达到这些培训的要求，是培训主动、业务响应的方式。

什么样的培训属于培训驱动？例如新员工管理技能、领导力、一些通用能力、管理能力、变革。党建引领的工作，是有人人过关或能力达标要求的，属于培训驱动。

业务驱动有时没有固定预算，可能是因为某些重要的事情，需要人力和预算匹配相应的资源。以业务目标为导向的培训，是业务有了需求、有了痛点再去找培训。让培训帮助设计支撑和落地是业务主动、培训协同的一种方式。

什么样的培训属于业务驱动型？例如营销、研发、渠道、服务等一些专项业务或特定训战。围绕业务拓展、成果达成、目标实现的培训，更多是业务培训。

培训有不同的驱动情形，能力驱动的情形更多是培训驱动，业务结果和价值驱动的情形更多是业务驱动。（见图 2-6）

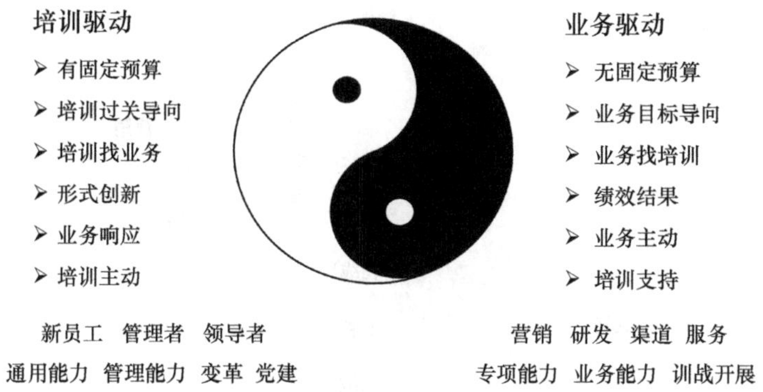

培训驱动
➤ 有固定预算
➤ 培训过关导向
➤ 培训找业务
➤ 形式创新
➤ 业务响应
➤ 培训主动

业务驱动
➤ 无固定预算
➤ 业务目标导向
➤ 业务找培训
➤ 绩效结果
➤ 业务主动
➤ 培训支持

新员工　管理者　领导者
通用能力　管理能力　变革　党建

营销　研发　渠道　服务
专项能力　业务能力　训战开展

图 2-6　培训业务的两类驱动

培训计划预算罗盘

了解了两类驱动，我们怎么从内容角度区分培训？

我们知道培训内容和对象有很多种，例如针对新员工的、针对管理者的，以及关于领导力的、营销的、研发的、党建的等，且这些维度可以继续划分出更多维度。

我们把培训形式也做了区分，例如在线学习、面授线下集中培训、训战项目等，以及一些游学考察、走出去的培训等。在这里，我们需要了解新员工培训的主要方式、预算，管理者培训的主要方式、预算，客户的培训类型和预算占比情况。（见图 2-7）

例如，新员工培训每年有 200 万元预算，主要是在线学习加部分线下面授……营销更多地以训战为主，同时会有部分面授，所以主要预算是投在训战的，大概每年有 500 万元……对于管理者的在线培训预算、面授培训预算、训战项目预算，我们可以把客户的培训类型、主要培训形式和资源分配情况分别添加到图 2-7 中，就能够了解客户的培训类型和预算结构，便于更好地进行客户经营。

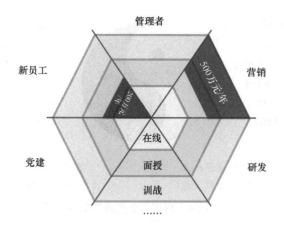

图 2-7 培训计划预算罗盘

【本节练习】

请分析客户培训类型和预算占比。

要求：选择一个你较熟悉的重点客户，分析客户的驱动要素与类型情况，与同事（或客户）讨论所填写内容。

第 3 章

销售篇

第1节 课程销售要点

课程销售有什么特点和要点？如何把课程做好？

课程销售之挑战

你在课程销售过程中会遇到一些什么情况呢？

例如，客户只给个题目问你能不能讲，一点儿也不说；客户问你能不能讲跨部门沟通，能不能讲在线网红打造，但具体是什么也说不清。在这种情况下，客户有可能是在酝酿，有可能是对你不信任。

有时候客户会先问你是否有这方面的老师，老师什么背景，能不能把老师的简历先给他。你反问客户有什么需求，想做什么事情。客户会说，如果有这方面的老师，就先给他一个老师的介绍。客户在干什么呢？他可能在考虑老师的行业经验和匹配度的情况，想先去了解有没有人能够做这样的事情，有没有人在这方面有专长。

有时候客户对需求和目标都不清楚，只是让你给课程介绍。在这种情况下，客户可能自己也没有清晰的思路，也可能只是在收集相应的信息。

客户会说业务部门和学员很忙，担心我们的课程不能吸引他们，对他们没用，不能满足他们的兴趣和需求。在这种情况下，可能是业务部门的需求不清，也可能是在业务部门面前培训部门比较弱势。

客户会反复问教学形式是什么，不是担心冷场，或怕有人中途离场，实则是担心现场的教学效果，希望课堂的氛围能够更加活跃一些。

客户总觉得我们不懂他们，担心课程的适用性。在这种情况下，可能是我们给客户的产品方案或者课程老师的介绍，缺少客户的需求和我们的优势之间的连接，就是没有真正和他们的需求匹配起来。

客户看到对手方案和老师介绍之后说没什么不同，说二者之间缺少相应的产品差异，这表明我们没有凸显相应的特征和优势，客户缺少选择我们的理由。

客户说我们的价格高，最后选了便宜的，说明我们未能匹配客户的需求，或者我们忽略了其他的决策者和关键人。

……

这些都是我们在课程销售中会遇到的一些现象和难点。

课程销售之要点

我们怎样去理解和解决这些问题？先给大家一些概要性的方法，对具体流程和技巧，我们在后面章节中详细介绍。

首先，我们要了解客户的行业特征和大致的业务背景，知道客户是做什么的。

我们要关注联系人，也就是培训主管对本次安排的想法，他是有想法、有期望的。他的一侧是领导、业务主管和学员，另一侧是培训机构和老师、销售人员，所以他起的是桥梁作用。他的想法会非常多，他拥有的信息也是非常充分的，只不过有时候他不会充分地表达给我们。我们要与客户一起对培训需求进行梳理和澄清，形成共识。

怎样才能达成比较好的目标和效果呢？在了解组织者的想法之后，我们要探讨受训的业务部门和相应领导可能的期望和关注点。例如，领导想要什么，业务部门想要什么，他们从培训过程中希望获得什么。

要清晰了解参训学员的岗位职务、大致数量、工作区域分布情况等。我们了解他们的岗位之后，就知道参训学员大概是一个什么样的人群，人群大体的数量和规模，怎样更好地有效组织培训。工作区域分布情况涉及客户要不要集中培训，要不要出差培训，或者培训可以在不同区域分别开展，同时不同区域的风格特点又不太一样。了解这些对我们了解客户的需求和后续相应的安排会有所帮助。

我们还要了解和探讨培训的大致时间、授课时长（一天还是两天等）。

我们要重视教学形式、课前沟通、案例定制以及训后落地等方面，要了解联系人、培训主管和业务部门会有什么样的期待和想法。

在销售推进过程中，我们要及时了解客户课程的采购流程，以及所处的进度（大概是什么环节、什么步骤）。

我们如何帮助组织者、联系人和培训主管去赢得学员的信任，去赢得业务部门的信任，帮助他们建立和提升内部影响力，这些就是课程销售过程中要考虑的比较重要的方面。

下一节，我们将针对课程的采购流程和销售流程，分步骤地深入讲解。

【本节练习】

讲述课程销售的难点与要点。

包括：你在课程销售中遇到了哪些问题？这些问题背后的原因是什么？用哪些方法解决了这些问题？

第2节　课程采购与销售流程

客户的课程采购流程是什么样的？机构的销售流程是什么样的？我们怎样基于客户的采购流程来匹配和推进销售流程？

客户课程采购流程

针对采购流程，客户会根据年度计划、业务提出或者培训发起，进行大致背景和目标的梳理。

在确定大致背景和目标之后，客户可能就要收集老师和课程的一些情况。这里需要说明的是，如果客户年初制订了培训计划，这时候对选用什么课程和老师是有大概方向和基本准备的。

在了解课程和老师的情况之后，客户会初步制定一个培训方案，包括人员、时间、地点、内容、日程安排等。有了初步方案之后，培训主管会与他的领导或者业务主管部门的领导去沟通，探讨方案的可能性。

在得到领导反馈之后，客户会进一步调整方案，细化相应的计划，并且可能和老师进行沟通和交流，以便对老师和内容进行一些考察。

在考察并进行方案调整之后，客户一方面会去做好培训的相应准备工作，如通知、预订场地、学员和助教行程上的安排等，另一方面会和供应商完成商务方面的工作，如报价、价格谈判，或者进行一些比选甚至正式招投标等工作。（见图3-1）

整个过程是从梳理背景到了解老师和课程的情况，再到制定初步培训方案和报送领导确认，再到细化方案、考察老师，再到准备商务，最终确定并启动。在这个过程中，客户有 2～3 次机会和机构接触，例如，第一次是了解老师和课程情况，第二次是调整方案和考察老师，第三次是完成商务谈判。

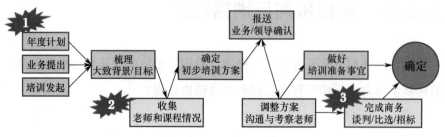

图 3-1　课程采购流程

如果客户比较熟悉老师和课程，就不需要面试或者与老师沟通的环节。如果双方是第一次合作或者是在一个新的领域开展合作，那么培训主管有可能和老师通电话或开视频会议，或者约见，有时还要与业务部门和相应的领导一起去考察。

课程销售四步流程

针对客户的采购流程，我们的销售流程应如何呢？（见图 3-2）

第一步，我们要维系与客户的关系，主动了解客户计划的执行情况和最新计划的安排情况。

第二步，当客户有了解信息需求的时候，我们要主动跟进，探索澄清相应的需求，并提供相应的介绍材料。

第三步，当客户与他的领导和业务部门沟通完，大致确定下来要做，并且要调整细化方案和考察老师的时候，我们要配合其与老师的沟通，细化具体授课的安排，完善相应的授课方案。

第四步，配合客户完成商务的进程，确定交付的细节安排。

图 3-2 课程销售四步流程

我们可以看到，这个四步流程是完全按客户采购流程的节奏和关键点来进行的。

机构介入三个节点

需要说明的是，很多销售人员的进入节点是不一样的。

一些出色的销售人员，会从年初计划甚至上一年做计划的时候，就跟客户有联系，与客户保持了密切的沟通，甚至参与了客户的年度计划制订、相应的需求整理和方案匹配的过程。这时候客户计划里就有该销售人员提供的内容和素材，这是一种深度的、主动的经营过程。

也有一些销售人员当客户有了需求、开始寻找老师的时候，通过收集信息，与客户接触上了。

还有一些销售人员，是看到客户要招标了，得到消息就去了。别人报价 8 万元，他报价 6 万元，试图以低价抢过来。这种情况又给客户造成了困扰：为什么有的报价便宜有的报价贵？即便销售人员低价拿下来了，但是交付时发现因为缺少对需求的深度了解，缺少跟客户的深度沟通，导致交付成果产生了偏差，很容易让客户产生不满。

在这个过程中，我们希望大家要深入了解客户的情况，而不要通过低价在商务阶段猛抢、疯抢去争取你的商机。特别是在没有完全深入了解客户需求，没有跟客户进行细化计划的沟通和确认的情况下，确实很容易造成价格和业务需求的冲突，这也会给自己的交付过程埋下隐患，以致这种商机有可能变成一锤子买卖。所以我们建议要持续深度经营，主动、深入、全面地接触并了解客户，而不仅靠低价去搅局。

重点阶段关键任务

在整个销售流程中，销售人员在不同阶段的主要任务有哪些呢？（见图 3-3）

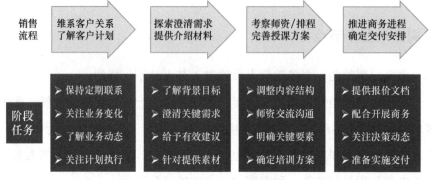

图 3-3 重点阶段关键任务

在维系客户关系、了解客户计划阶段，我们要保持与客户的定期联系，关注客户业务的变化，了解客户的业务动态和计划执行情况。你是客户的伙伴，要了解他们的进度和进展。你跟客户的关系不是有了项目、有了需求，才开始对接的，而是在平时就应该保持良性沟通。

当有了客户的一些想法和需要的时候，我们就要去了解客户的目标和背景，澄清关键需求，给予有效建议。例如，怎么做会更好，并且针对性地提供相应的素材，呈现你的优势，以及解决客户问题的独特的手段和方法，让客户更加相信你。

在客户进行师资考察安排和相应计划的时候，我们要配合客户调整课程的内容和结构，安排老师和客户的交流与沟通，明确关键的成功要素，以确定最终的培训方案。

接下来，我们要提供相应的报价文档，配合客户开展相应的商务工作。是谈判、比选，还是招标？我们要关注决策者的一些动态，同时主动准备好交付流程。

所以在这个销售流程中，你不是在卖产品，也不是在卖课程，而是在帮助客户实现业务目标，帮助客户完成培训任务，在每个阶段帮助客户做好当下的事。

【本节练习】

讲述通常的课程销售流程。

要求：描述你与客户的几次接触，回顾每次接触客户的任务和沟通主题，梳理客户的采购流程与你的销售流程。

第3节 课程采购参与者和关注点

上节我们谈到客户的课程采购流程。那么，围绕客户的课程采购，参与者都有谁？他们的关注点有哪些？

课程采购关键角色

在客户的课程采购流程中，都有哪些人会参与进来？（见图3-4）

学员，因为一定有学员才会有培训，培训是以学员为中心的。培训负责人，负责组织安排培训。有时还会有培训专员，他们往往是这个课程和项目的执行人，和培训负责人是下上级关系，配合培训负责人开展工作。学员的业务主管通常也会参与。课程采购还会涉及采购人员。

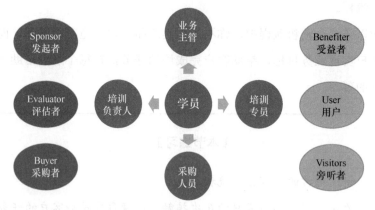

图 3-4　课程采购关键角色

而在实际执行过程中，以我曾在甲方的工作经验，涉及的应该远远不止这些人。

还有其他一些角色。例如，一次培训一般都有个发起者，他可能是业务主管或者培训主管，也可能是某个核心学员，是一个很重要的角色。

如果培训效果好，问题在一定程度上得到了解决，或业务能力提高了，谁会受益呢？应该会有个受益者。这个人可能与发起者是同一个人，也可能不是同一个人。

谁会评估老师和课程呢？例如，培训负责人和培训专员去打听这个老师的情况。评估者会帮采购人员和培训负责人评估老师和课程的内容，给出一些反馈或建议。有时客户也需要一些关于老师能力的背书。这些背书可能来自客户内部或者客户外部，也可能来自这个行业内有一定经验的人。我们很多时候甚至不知道客户向谁咨询了我们和老师的情况。

以前做培训负责人的时候，作为甲方，我会找很多做过的朋友、同行的朋友，去打听这个老师行讲得怎样、内容怎样。后来我做了多年的培训之后，很多人会问我："老夏，你有没有听过这个人的名字？老夏，你知不知道这个课程？"这时我就是一个评估者，他们有时候会听取我的意见。

采购者是负责完成客户采购的人员。很多企业培训中心是由培训负责人专门去跟机构谈的。有一些企业（包括一些国有企业和大型企业）会有专门的采购流程，会由采购部门的人去谈判和采购课程。

在课程的组织、设计和实施的时候，或者在培训主管和老师开会的时候，还会有一些旁听者参与。你不知道他是什么角色，也不知道他起什么作用，他只是坐在那里听。我以前所在机构的其他学院，如顾问学院和技术学院在选老师、选课程的时候，都会邀请我去参加旁听。而营销学院在选择一些课程和老师的时候，也会邀请业务部门或者其他学院的人员来旁听。在老师走了之后，我们会讨论老师讲得怎样和内容怎样，是不是可以用。所以那些人就是我们所说的旁听者。

看似简单的一个课程采购流程，给培训的组织者和负责人的压力还是很大的。因为学员的口碑、业务领导的满意度对他们很重要，所以他们一定要非常谨慎地评估、筛选、考察并精心地设计整个内容。

不同角色关注重点

在整个课程采购流程中，这些决策参与者或影响者，分别关心什么？他们的诉求是什么？

因为每个人都会有自己的独特处境和真实想法，所以我们对此无法做出精准的分析或判断。我以自身的经历和与人分享中获得的体会，与读者做些探讨和交流。（注意，下面我可能会以某些人物的身份和口吻来谈其自身的关注点。）

首先看业务主管。

对于一次课程或培训，我的要求是必须与我所在的行业和所开展的业务相吻合。例如，我是搞快消的，却来了一个讲设备销售、工程销售的人，这不行。又如，我是搞软件的，却来了一个讲服务器、网络怎么卖的人，这也不行。课程要符合我的业务特征，二者要有匹配度。老师讲的内容要有用，要能解决问题、产生效果。

另外，我给大家组织一次培训，是给大家创造一次提升和学习的机会。所以，不要玩虚的，也别弄得太麻烦，别让我们整天扔个纸团、击个掌、做个游戏什么的。我们都是真正做业务的人，要实实在在地把事情做好，一些营造氛围、让现场活跃起来的适当手段是可以接受的，但别弄得太虚。

其次看培训主管。

培训主管希望能够获得内部客户和学员或相应业务部门的认可，希望能够提升自己的内部地位和影响力。学员反馈满意度高、评价好，对培训主管来说就是成功的。所以他们特别关注内部客户和学员的满意度和体验的情况。同时通过接触不同的课程、老师和体系，他们能够提高自己的技能，获得新的资源，开拓自己的眼界，这也是培训主管的一些关注点。

再次看培训专员。

他们是具体负责课程和项目执行的人，需要出色地完成上级赋予他们的任务，使得工作能够顺利开展。他们也比较关注个人学习和成长的机会，希望执行的流程清晰、轻松、简单。但有些培训专员非常细心细致，而有些培训专员希望供应商和助教将培训计划安排得细一点，他们只需要把握关键点即可，所以具体情况又不太一样。培训专员最大的希望是培训进展顺利，课程顺利完成。

最后是采购人员。

采购人员要注意课程的采购应符合标准流程和规定，同时要控制风险，要规避决策的责任。采购人员必须考虑课程的采购有没有问题，签字是否会承担风险和责任。在符合标准的情况下，采购人员应尽量满足业务主管部门的需要。在满足特定标准和规范的情况下，采购人员会尽力配合业务主管部门。为了体现采购人员对采购工作的权威性和专业性，当审查一些资质和评估一些关键要素的时候，他们是有自己的逻辑和方法的。

课程采购流程中的决策者和人员主要是以上这四大类，他们都有自己的关注点。我们作为课程销售人员，要关注客户的关注点，要满足客户的内心诉求以及深层次的自我价值和期待，这样就能达成双赢，彼此互相满意。

【本节练习】

分析你遇到的采购角色及其关注点。

要求：回顾一个你做过的课程销售，列举客户中（可能未接触）的关键人，分析每个人的关注点。

第4节　项目方案的销售要点

项目型解决方案、咨询方案和训战方案，要比课程复杂。那么，这些项目方案有哪些销售要点呢？

例如，混合学习、人才培养的项目、基于业务的训战方案、绩效提升项目、课程开发、专项咨询项目等都可以称为咨询式、培养型或训战型解决方案。

项目方案驱动三类模式

第一类是学习驱动型，面向相关能力和技能的培养。它的目标主要是让学员理解一些理论和方法，应用一些方法和工具来解决一些实际问题。核心是面向技能的培养、方法的应用、工具的掌握等。输出主要是一级评估，以课程的满意度、课程现场的行为能力表现以及现场的输出为主。

第二类是训练驱动型，基于特定的岗位和典型任务，以及抽取的特定业务场景，以实战模拟的演练方式，围绕重点工作，进行能力的训练、行为方法的训练，或者完成实际问题解决方法的转变。以完成特定的工作任务为中心。

第三类是实战驱动型，重点是客户的业务目标。它以岗位结合实战的形式来开展，以实现业务结果为目标，有任务清单，有人，有具体的工作任务，更多以岗位实战和岗位辅导为主，并推进结果的转化。

项目方案销售五大要点

项目方案销售的要点有哪些呢？（见图3-5）

图 3-5　项目方案销售五大要点

首先项目方案必须关联客户的业务目标。重要的是，客户基于什么样的战略背景和业务背景来做这个事情，因为这是需求、方案、评估的重要源头。同时，项目方案一定要聚焦客户的问题，清晰诊断当前的真实问题以及问题背后的原因。

项目方案的路径设计是重点。例如，通过什么样的方式方法去解决问题、实现目标？通过几个阶段、几个步骤、哪些举措以及什么路径来实现？项目方案的实现路径是非常重要的。它就像配方一样，通过配方的组合才能解决特定的问题，以达成目标。

项目方案涉及多个利益关联方，有多个干系人。我们要找准与项目相关的影响者和利益关联方及项目干系人。一般培训的关联方主要是以学员、业务管理者和培训组织者为主，而项目方案会深入客户的业务部门和业务过程，需要跟业务产生深度的耦合，所以会有更多的利益关联方。

项目方案要有量化价值，或者要有显性成果，即我们要看到方案带给客户的量化价值和显性成果。

所以项目方案销售要包含关联目标、聚焦问题、路径设计、利益关联方和显性价值，这些都是做项目方案销售的要点。

【本节练习】

分享你认为的项目方案的销售要点。

要求：选择一个你做过的项目方案，分享项目驱动要素，回顾销售成功的要点。

第5节　项目方案采购与销售流程

项目方案的采购流程和销售流程是什么样的？客户是如何进行购买决策的？

项目方案决策四大步骤

首先明确项目目标。客户会有做这个事情的动机，会定义主要问题，会确定一个大致目标，所以客户会界定成功标准，清楚产出结果。

其次确定需求范围。客户会征询内外部的意见，确定参与人员和参与边界，同时对业务需求展开调研，进行需求范围的确定。

再次评估可选方案。客户会收集内外部的一些思路、想法、建议和方案，展开相应的评估对比，同时核实验证彼此之间的差异，从而选出最优或者相对可行的方案。

最后做出采购决策。客户会根据几家的商务报价来评估各家的能力，同时通过特定的商务流程来推进和完成一次采购。重点是评估成本和风险，以确定合作伙伴。（见图 3-6）

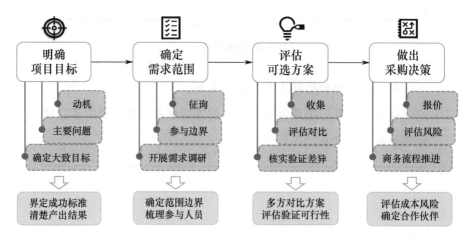

图 3-6　项目方案决策四大步骤

所以这种项目方案的销售包括了目标、需求、方案和决策等几个大致的步骤。

项目方案采购流程详解

接下来我们来看一下详细的采购流程。（见图3-7）

首先要有驱动背景因素，然后是业务沟通、思路汇报、需求收集、方案设计、方案评估、实施准备、商务执行和项目启动等基本阶段。

在一些咨询方案、人才培养方案和训战方案中会涉及更多角色，至少会有高管、业务部门、培训部门和采购部门这四大类。他们在什么阶段做什么事情呢？

高管根据战略驱动和业务举措部署相应的工作，业务或培训部门思考怎么落地，或者业务部门根据自己的业务需求提出一些思路和想法，培训部门根据自己对战略的理解和领会来进行相应的思考。

因此，在这些项目中有的是业务为主、培训为辅，有的是培训为主、业务为辅。业务部门和培训部门会有一次或几次思路沟通，然后形成一个基本一致的想法，并进行一次面向高层的汇报，讲讲准备怎么做这个工作、大概的思路和想法是什么，并请领导看看方向是否正确。领导听完汇报之后会给出一些指导意见和建议，以便这个事情更好地往前推动。

这种思路梳理或意向确认属于第一大阶段。

在领导同意相应的思路和基本的框架之后，业务部门就会整理出详细的需求。同时，培训部门会收集内外部信息，并接触相应的机构，结合一些机构的经验和案例以及一些老师的想法，补充所需信息，同时结合业务部门的内部信息进行匹配和梳理。这是一个持续的互相配合的过程。

在接触一些机构之后，培训部门和业务部门会有一些想法，觉得可以跟一两家公司聊一聊。这时会有一两家公司进入客户的思考范围。经过初步的沟通，客户会对其中一家或两家公司进行详细的业务调研，调研之后会请相应的公司提供方案。客户不仅有一些机构提供的方案，而且有其培训部门和业务部门优化的方案，并且可以对优化方案的框架形成基本的共识。这时客户会向高层领导汇报方案。

向高层领导汇报方案，是向领导说明这个事情准备怎么做。然后领导可能认为思路和方案基本可行，也可能反馈一些指导意见。业务部门和培训部门会对方案进行完善，培训部门将开始对实施计划、组织安排、资源等进行细化。

第二大阶段是需求细化，接触机构，组织调研，进行内部方案的论证和汇报，并且根据领导的意见和内部业务部门的意见，共同完善和优化方案。

在第三大阶段，客户根据已经确认好的方案框架和实施计划，进行确认，然后业务部门和培训部门会准备相应的招标参数、招标书等，并交由采购部门或招标公司。后者负责招标的整个过程。招标过程可能是单一来源采购，也可能是招标、比选、谈判等多种形式。

我们会在后面谈到招标的一些话题。招标过程完成后会产生特定的招标结果，如由培训部门进行商务的处理、合同的签订、实施的准备等。

项目启动时，高管往往又会参与进来。他们会在启动会上发言，因为他们知道为什么要做这个事情，也知道项目方案的基本框架和思路。他们会讲讲重要性，即这个事情对全员意味着什么，对战略和业务发展意味着什么。

项目方案采购流程大体有四类角色参与：高管、业务、培训、采购。

采购流程大致分为三个阶段，第一是立项阶段，也就是进行思路的沟通、意向的确认；第二是需求阶段，包括机构接触和方案准备，提交评估汇报，汇报后再完善优化；第三是招标选择和商务处理过程。

图 3-7 中的④⑩⑪⑬指的是什么呢？在一些由培训驱动，或者人才培养和以培训为主导的项目中，领导在这几个环节不会参与很深，或者这几个环节有可能跳过。如果项目是以业务和战略为主导的类型，领导一般会深度参与。

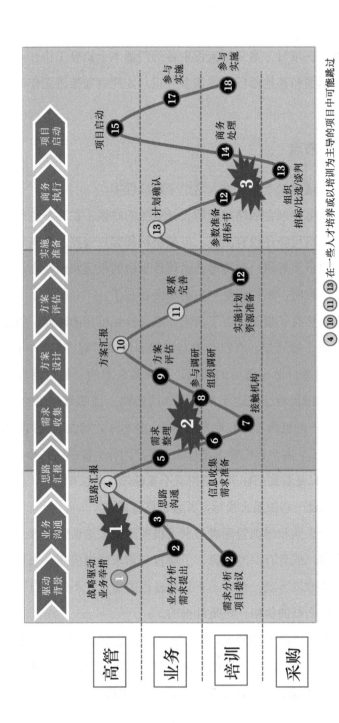

图 3-7 项目方案采购流程详解

④ ⑩ ⑪ ⑬ 在一些人才培养或以培训为主导的项目中可能跳过

总体来讲，在项目方案采购流程中各部门基本上是分工协作，各司其职。每个部门都要和其他部门达成很多共识，才能有效推进工作。

机构介入三个节点

通常机构也通过三个节点进入这个采购流程中。

第一，是在客户领会战略和理解设计业务的时候。在客户进行内部探讨和沟通时，商机可能还没有出现，但是机构和客户较熟，交流较多，可以提前了解客户很多思路，知道客户做这件事情的根因和出发点。当到后续需求和方案阶段时，机构就更有机会深度参与了。

第二，是客户有了想法、有了需求，准备接触机构的时候。很多机构被邀请、被联系、被通知，有机会参与调研和深度了解客户的一些需求，还要澄清和挖掘客户做事背后的动因，了解其之前的一些思路和需求。所以沟通和需求澄清对于在这个节点进入的机构，是非常重要的。

第三，是有一些机构看到有地方招标了、挂标了，就去应标的时候。至于客户业务是什么，客户详细需求是什么，客户为什么要做这件事情，机构都不了解。机构只是看到招标书，觉得差不多能做，而且有老师，就勇猛地向前冲，然后通过一些关系去投标，并且价格很低。

这种情形给采购和培训管理者带来了很多困惑。培训管理者会感觉对于心仪的供应商，或者有深度交流、了解自身需求的供应商，知道要投入多少，所以报价比较客观；而对于不知道自己的需求、不知道自己要干什么的供应商，这么低的价格一定是乱报的。

我们之前遇到过类似的情况。有个项目预算是 20 万元，有一家机构过来之后告诉我们 8 万元能做。采购专家和评委觉得这个价格很便宜，为什么 8 万元能做，你们选 20 万元呢？但是他们不知道我们背后的需求是什么，资源投入是什么，实施计划是什么……所以这种做法既是对客户的不负责任，也是对自己品牌的不负责任。

建议尽量不要等客户挂标了，才仓促应标、低价抢单、提供各种承诺……因为就算你低价抢来，表面是赢了，其实是输了。为什么？真正实施起来，客户很不满意，落差很大，加钱又不可能，所以你只能用更低的成本把这个项目草草了事，造成双输的结果。

如果做项目方案销售的业务，就要尽可能从第一节点或第二节点来经营和了解客户，不要等到客户挂标招标的时候再去抢。

【本节练习】

描述你所经历的项目方案采购经历。

要求：选择一个你做过的项目方案，回顾客户采购流程和阶段任务，描述各阶段的销售过程和动作。

第6节 项目方案采购参与者和关注点

在探讨项目方案采购的主要流程和任务后，我们来看看采购的主要参与者都有哪些人，以及他们的核心关注点和诉求是什么。（见图3-8）

业务条线关注重点

我们看一下决策圈和影响范围，其中，哪些人会参与或影响决策。

首先是公司高管。公司高管是项目的发起者，他们对于战略和业务提出了要求和诉求，负责落实公司的业务策略和关键目标。很多人才培养项

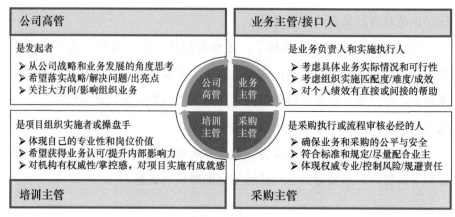

图 3-8　项目方案采购参与者和关注点

目和咨询项目是由高管发起的。所以他们从公司战略和业务发展的角度来思考，希望落实战略，解决问题，出亮点。他们更关注大的方向对组织和业务的影响，但不会关注细节。他们会看方案的结构、路径、模式、效果，会从宏观角度把握大方向，提出大要求。

其次是业务主管。业务部门会有相应业务主管和接口人参与，他们是业务负责人和实施执行人。他们考虑的是项目和具体业务的结合度以及项目的可行性，组织实施这个项目的匹配情况、难度、成效、结果。业务主管和接口人希望通过项目实现业务绩效的提升和改善，以便对个人绩效有直接或间接的影响或帮助。

培训条线关注重点

培训主管，包括培训负责人和项目经理，他们是这个项目的组织实施者，或者叫操盘手。在这个过程中，他们要体现自己的专业性和岗位价值，要把自己对培训组织人才发展的理解发挥出来，然后给组织的业务和战略提供有力的帮助和支撑。他们也希望获得业务部门的认可，以便提升自己在内部的影响力。

　　培训主管在接触咨询机构的时候，会体现一定的权威性和掌控感。因为他们面对高管和业务主管时，内心其实很谨慎，不希望给高管和业务主管带来不必要的麻烦，不希望咨询机构说些欠妥的话，做些出格的事情，所以他们需要掌控咨询机构的关键行为和咨询机构跟客户接触的方式。

　　在这个过程中，他们的出发点是为领导和业务部门做好服务，避免事情失控。同时，项目实施带来的成就感，也是培训主管比较关注的。

采购条线关注重点

　　采购主管在这个环节会占有重要地位，如果项目金额较大或相对比较复杂，采购执行或者流程审核就成为关键步骤。采购主管要确保业务和采购的公平和安全，要确保采购这个事情经得住考验，经得起审查，甚至历史的验证。所以我们要设身处地为采购主管考虑。这个环节还要符合特定的标准和规范，如采购法评标标准和相应的规定等。

　　采购主管在这个过程中会体现一定的权威性和专业性。采购这个事情有相应的技术标准和行为标准，也就有相应的制度和流程。采购主管要控制风险，规避不必要的责任。

　　这四大类角色（包括公司高管、业务主管、培训主管、采购主管）中的每一类角色又包括细分角色。例如，业务接口人和业务主管可能是一个人；领导可能指定一个人负责接口。所以每个角色中可能有两到三个细分角色。

　　由此来看，项目方案采购会包括更多的决策者和干系人。

　　我们要了解和关注每个人的角色和他的关注点和期望，在沟通的过程中要尊重他的想法，关注他的诉求，跟他做好协同和配合，以便实现双赢。

【本节练习】

分析你遇到的采购角色与关注点。

要求：回顾一个你做过的项目方案销售，列举客户中（可能未接触）的关键人，分析每个人的关注点。

第 4 章

技巧篇

第 1 节　客户预约技巧

有时客户是比较难预约的。那么，怎么进行客户预约呢？

客户预约三场景

首先要明确预约客户的类型和预约的主要目的。按照客户类型，可以把预约分为陌生客户预约、老客户预约、在谈商机预约三种。

对于陌生客户预约，预约的目的是建立联系，通过行业经验与成功案例拉近彼此之间的距离，建立彼此之间的信任，获得继续保持联系的机会。特别注意，不要一上来就问需求和挖商机。

曾经有位朋友跟我说，某个公司的顾问有一天给他打了一个电话，在进行简单的自我介绍后，直接问："赵老师，你最近有计划吗？有没有机会合作一下？"这位朋友感觉特别不好，说又不是那么熟，怎么上来就问他最近有没有计划，需不需要合作一些课程。所以，对于陌生客户的目标是什么，我们要弄明白。

对于老客户预约，因为彼此合作过，所以预约的目的是"挖掘商机"，寻找一些新的合作机会。具体方法是，了解其最近的业务动态，与其分享一些最新的案例和成果，以及同行最近做了什么项目，以此来激发兴趣，促进合作。可以通过了解老客户的最新动态和分享自己的最新动态，看看双方能不能碰撞出火花。

对于在谈商机预约，包括客户的课程或项目正在推进中，我们要关注销售的形势和事情的进程，了解当前的程度，对方的期望、处境和考虑。

针对事情的状况和对方的想法，以及目标，双方共同探讨接下来如何更好地推进这个项目的工作。

在不同的场景下，预约的目的是不一样的。对陌生客户要建立联系，对老客户要挖掘商机，对在谈商机要推进进程，这就是我们客户预约的主要目的。

客户预约四步骤

客户预约需要做好四个步骤。（见图4-1）

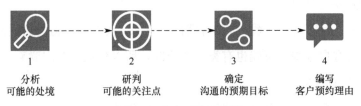

1	2	3	4
分析 可能的处境	研判 可能的关注点	确定 沟通的预期目标	编写 客户预约理由

图 4-1　客户预约四步骤

第一步，分析客户当前可能的处境，包括客户的业务处境、战略处境和个人处境等。

第二步，研判客户可能的关注点。最近他是关注新人训练，还是关注人才培养梯队，抑或是关注后备总经理？

第三步，确定沟通的预期目标，也就是希望通过这次跟客户的沟通要达到什么目的。

第四步，编写客户预约理由，要有一套标准格式的话术，进行个性化的表达，应用在不同场景中。

陌生客户预约五步话术

一个预约理由有五个组成部分，分别是问候寒暄、说明目的、说明过程、说明收益、征询时间方式等。陌生客户预约五步话术如图 4-2 所示。

开门	目的	过程	收益	征询
问候寒暄	为何沟通	交流什么	有何价值	时间方式
您好，我是谁，在哪家公司负责什么，有什么经验……	是谁推荐我联系您的（给我您的联系方式），我们一起……	我想跟您分享一些做法，想听听您的看法……	大家建立联系，后续可以在哪些方面保持沟通……	您看是否可以……

图 4-2　陌生客户预约五步话术

开门："您好，我是谁，我是哪家公司的，我负责什么，我有什么经验……"因为双方还不熟，客户好奇你是哪来的，你想干什么。所以这时候我们先要进行自我介绍。

目的：为什么要联系，谁推荐我跟您联系，我怎样获得您的联系方式。我之前的客户觉得您可能也有类似的情况，所以建议我跟您联系，看看您是否对某方面感兴趣。

过程：我想跟您分享一些做法，想听听您的看法……

收益：大家建立联系后，可以在哪些方面保持沟通和合作。未来如果您遇到什么事情，我们可以一起探讨，看看我们有没有相应的资源配合您。这样让客户感觉多了一条路，多了一个朋友，他就不会感觉你只想做生意。

征询：您看是否可以……

大家会发现，陌生客户预约并不是要提问和探索，而是通过分享和连接，让客户对我们建立暂时的信任。让客户对自己产生初步的认同，是预约的主要目的。

老客户预约五步话术

老客户预约五步话术如图 4-3 所示。

开门：您好，最近怎样？最近是不是……聊一聊最近的状态。

开门 问候寒暄	目的 为何沟通	过程 交流什么	收益 有何价值	征询 时间方式
您好，最近 是不是……	今天联系您， 是最近关注 到……（或×× 最近做了……）	和您聊聊哪些 方面的事， 主要分享…… 了解……探 讨……	这样或许能 在哪些方面帮 到您，我也 能有机会与 您共同……	看看在什么时间 什么地点，不知 道您是否方便?

图 4-3　老客户预约五步话术

目的：我今天联系您是最近关注到了您发生了什么，您的公司在做什么，我们和某人一起做了一些新鲜的事情，非常想和您分享。目的是看看最近您有什么变化，想跟您探讨。

过程：我们可以聊聊哪些方面的事情，主要可以分享什么，了解什么，探讨什么。

收益：这样的话或许能在哪些方面帮到您，我也想有机会与您共同做一些事情，或者有机会在这方面共同展开一些探讨和交流。

征询：看看您在什么时间什么地点方便，我们用一小时或半小时见面做个交流。

老客户预约的主要目的，是希望通过经验分享，识别变化，激发兴趣，寻找进一步交流的切入点，从而发现可能的合作机会。

在谈商机预约五步话术

在谈商机预约五步话术如图 4-4 所示。

开门 问候寒暄	目的 为何沟通	过程 交流什么	收益 有何价值	征询 时间方式
您好，最近 了解到…… 事情……	为了……（或 更好地……） 想就……与您 再探讨交流 下……	主要听听您 目前对……和 ……的想法， 然后一起探 讨……	这样便于您 某个事 情…… 我们也能更 好协助您……	看您什么时间 什么地点，是 否可以?

图 4-4　在谈商机预约五步话术

开门：相对直接和简单，因为大家已经熟悉了，都在共同推进事情，所以可以直接用："某某，您好，最近了解到咱们的项目到了什么阶段，哪些人正在做什么事情……"这时候开门会不一样。

目的：为了更好地推进工作，也为了更好地配合您，想就什么事情与您进行深入的探讨和交流。

过程：主要想听听您目前对某些事情的看法和想法，想看看最近一些事情的进展状态，想听听您就某些方面的看法和想法，然后我们一起探讨和交流哪些事情。

收益：这样便于您就某个事情怎样，我们也能更好地协助您怎样（对大家的好处）。

征询：在什么时间、什么地点，或以什么方式，您看这样是否可以？

每种预约方式的流程都由开门、目的、过程、收益、征询五步构成，同时陌生客户、老客户和在谈商机又不一样。不同类型的客户，预约的时机、与客户关系的远近、分享的内容和过程，以及说得多还是听得多或是探讨得多，都不一样。

在实战中，我们可以结合不同的客户情况和项目状态，以及不同的人员和关系情况，来灵活应用这些方式。

【本节练习】

编写一个客户预约的理由。

要求：选择一个你的重要客户，分析预约类型和本次沟通的目的，按结构编写邀约话术并进行优化。

第2节 企业培训需求层次

凡是销售都要关注和了解客户的需求。那么，培训行业需要了解客户哪些需求？客户的培训需求分为哪些层次？

培训需求三层次

我们来看看客户需求的层次，以及如何理解和挖掘客户不同层次的需求。

企业培训需求有三个层次。（见图 4-5）

图 4-5 培训需求三层次

第一个层次（外圈），称为事务需求或表象需求。例如，讲什么课、讲什么内容、解决什么问题、师资背景和经验有什么、学员对象是谁、什么时间、什么地点、交付日程怎么安排等，这些均是针对培训本身的需求。

第二个层次（中圈），称为效果需求。通过一个培训会实现什么，达到什么样的目标和效果。那就要分析学员的特征，如学员的结构、学员的年龄段、学员的学历结构、岗位结构的特征；给他们交付要用什么形式，如工作坊、讲解练习、案例对抗或者线上线下融合的互动方式；确定交付形式就要涉及如何更好地去设计课程，以及客户如何评估这个课程，用什么样的标准来看这次培训效果的好坏等。

第三个层次（内圈），称为业务需求或战略需求。例如，客户的业务特征是什么，客户业务的核心问题和症结在哪里，这些问题是如何解决的，大家通过怎样的认知改变、知识结构的改变、行为技能的改变、智慧技能的改变去解决这些问题，客户的业务需求和解决问题的手段和方法是什么。

开启沟通两路径

对于这三个需求层次，我们从哪里开始沟通呢？

可以从我们与客户的熟悉程度开始。在我们和客户不熟悉，或者我们不是特别了解客户的情况下，跟客户的沟通有可能从事务性沟通开始，再去探索效果背后的业务动机和业务问题。在关系不熟的情况下，可能是层层递进、层层了解和层层挖掘的。

如果跟客户的关系比较熟，对客户的业务也比较熟悉，那么可以先问动机是什么，战略和业务的需要是什么，或者因为什么进行这样一次安排，具体问题是什么，解决问题的方式和手段是什么，我们怎样去通过形式、逻辑、活动方式的设计和安排来实现它，最后才是什么时间，什么地点，哪些人，怎样来做。

所以沟通方式跟与客户关系的紧密程度有关，如果不是很熟，就由浅入深；如果比较熟，就从核心开始。

个人需求黄金圈

企业培训决策影响者的个人需求层次也不一样。（见图4-6）

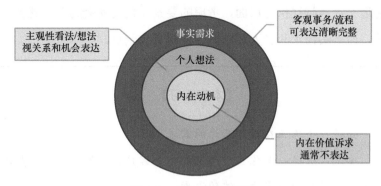

图 4-6　个人需求黄金圈

个人需求中会有事实需求。例如，这次培训每组要摆 6 把椅子，但是为什么摆 6 把椅子呢？是想让大家坐得宽松一点吗？这就属于个人想法。但是为什么想让大家坐得宽松一点？这可能就有他自己内在的动机或内在的想法了。

从决策者个人的需求来讲，第一层面的需求叫事实需求，这些需求是可以表达出来的，更多是客观的、事务的、流程的表述。例如，什么时间、什么地点、教学流程、特定标准、评估手段等，这些都是事实，是可以清晰完整地表达出来的内容。

个人想法更多是主观的想法、主观的看法，是对客观世界的认知和思考。世界是客观的，认知是主观的。对同一个事情，不同人的想法和看法是不一样的。所以这些是个人主观的部分。这些想法和看法会根据其与你的关系和时机，选择性表达。

内在动机作为核心层，通常不表达。所以，不要问放 6 把椅子是什么动机。是不是想让业务部门对你评价好一点？想让大家体验好一点，想让大家认同或夸赞你？这种情况不需要表达，彼此心照不宣。

一般情况下，对事实需求需要细致沟通，对个人想法要探索达成共识，对内在动机要做到心照不宣，这样我们跟客户的关系就会变得不同。

我们发现，越是往业务和战略层面，越靠近需求本源，内外需求和动机越趋近一致；越往执行层面，考虑的要素和角度就会越多，就会有越多的想法，而事实需求和个人想法就会变得复杂一点。

【本节练习】

分析一个你正在跟进客户的需求。

要求：选择一个你正在跟进的重要客户，列举客户需求层次与类型，思考你与客户交流的深度。

第3节　需求探询澄清技巧

前两节我们谈到了企业培训需求的三个层次和决策者个人需求的三个层次，那么，我们如何能够了解、探询、澄清客户不同层次的需求呢？能够用什么样的方式、方法和沟通过程来探询呢？

探询澄清三维度

整个沟通的主线要围绕客户的认知开展，整个框架要在客户头脑认知里搭建。

从另一个角度来看，需求探询澄清的过程，首先要关注"事实"，即发生了什么，什么原因导致了这个安排；要关注每个人的"想法"，即您怎么看，您怎么想，您怎么考虑；要了解"期望"，即您想怎么做，您希望达成什么，您希望的效果怎么样；还要和客户一起探讨"别人的想法""别人的期望"，例如您认为业务部门的负责人可能有什么想法。与客户共同定义出相应的目标和标准，这样客户需求就会变得非常清晰。（见图4-7）

图4-7　探询澄清三维度

探询澄清四步骤

针对需求探询澄清，给大家一个四步法。（见图4-8）

图4-8　探询澄清四步骤

第一步"问情况"：做什么培训？哪些人参与？大体的安排是什么？有什么具体要求？

第二步"探背景"：是什么原因要做这样一次培训？定这个主题的原因是什么？为什么这些人来参加？发生了什么？业务部门有什么想法？关键

人有什么期望？大家希望实现什么？希望解决什么？

第三步"清要素"：澄清关键因素，跟客户一起诊断现状并共创期望。例如，在跨部门沟通中，两个部门之间的沟通不是很通畅。是什么原因造成这种状况？您希望通过这次培训能够打破部门的墙，是吗？让他们能够充分沟通和高效协同，是吗？这样就知道可以设计什么样的互动，怎样设计授课内容和演练流程，从而触达需求的关键点。然后我们跟客户一起探讨怎样梳理相关教学中的各个要素。如果通过这样的行动达到这样的互动效果，让部门之间产生这样一个认知，彼此有这样的理解，这就是共创期望。

第四步"定标准"：在期望值达成共识后就可以共同确定标准了，即回顾需求圈业务是什么，培训过程目标是什么，具体目标是什么，把这样几个关键点跟客户进行确认。注意，这个探询澄清过程不是对客户进行"拷问"，不是"连续追问"，而是顺着客户思维过程，一步一步去了解，一步一步去梳理，共同思考和共同创造的过程。

如果我们跟客户进行了这样的沟通和交流，形成了这样的共识，客户就会觉得你很懂他，跟你的交流帮他出了很多主意，帮他想了很多办法，甚至帮他解决了很多问题。

通过提问和分享，你跟客户一起探讨和澄清了客户的想法。通过这个过程，客户认为你懂他，由此差异和优势已经开始建立。

【本节练习】

设计一份需求探询澄清提纲。

要求：选择一个你正在跟进的重要客户，回顾梳理与客户交流的历史信息，设计你将进行探询澄清的问题清单。

第4节 优势与呈现方法

优势呈现对获得客户的认可和承诺非常重要。在探询澄清客户需求之后，我们将如何呈现优势呢？如何让客户知道我们与其他机构的差异呢？

无优势不制胜

为什么优势如此重要？

销售行业里有句话，"客户因相同而接纳，因不同而选择"。

相同代表你理解客户，理解客户的需求，理解客户需求背后的思考、想法、根因和期望，所以客户会接纳你。而客户选择你，是因为你与众不同。

客户的购买是一个决策制定过程。客户会基于差异化优势来制定相应决策，会基于不同来选择。客户在决策前必须看到差异，否则是否购买将取决于价格。就像大家所说的，客户觉得我们跟别人没什么不一样，那么只能拼价格。

客户必须看到方案和他的想法、期望之间的联系。所以，优势是客户选择的重要依据。

优势可能是事实差异，即人无我有的事实上的差异，但更重要的是"客户的认知差异"，也就是"客户认为你不同，客户觉得你不同"。

一般销售人员卖事实差异。你的产品跟别人的不一样，即你的产品往那里一摆，客户就知道你的产品好；而超级销售人员卖的是认知差异，即客户认为你不同，客户感觉你不同，这也是销售人员非常重要的能力。

客户在与你交流的过程中认为你不同，在潜意识中就会寻找相应的证据来证明你真的不一样，即所谓的感性判断，理性证明。

优势从哪里来

那么，优势从哪里来呢？（见图4-9）

图 4-9　优势从哪里来

问事实、问想法、问事实（原因）、问期望（目标）、再问事实（标准），不断地围绕事实和客户的看法、事实背后的原因和客户的想法、客户可能的做法，与客户展开深入的交流和探索。这个过程可能就在创造你的独特优势——理解与共识的差异化。

让客户感觉到，你是一个特别善于倾听的人，你愿意听他说，这就变成了你的差异优势。其他销售人员一上来就介绍产品，或者象征性地问几个问题后，就迫不及待地开始推销，而你非常耐心倾听他的每一句话，了解他背后的每一个想法，你的这种倾听就是你的优势。

让客户感觉你理解了他的表达，这种让客户感觉你懂他的能力，就是你的优势。理解客户的想法，理解他所说的意思，以及意思背后的意思，这也是你的优势。

你能针对客户的处境、问题和期待，给出真实有效、科学合理的专业建议，这是非常重要的一个能力。你的建议能力和咨询能力，将是你非常重要的一个优势。

你与同行业的类似项目经验和操作经验，以及你能匹配到的合适资源或者优质资源，也是你的优势。

产品与服务对客户需求的针对性满足，也是优势。所以产品和服务在满足客户特定的需求、期望和标准的情况下，也是一种优势。

我们发现，其实没有事实差异、事实优势，只有认知优势，即让客户感觉你在听他、懂他、理解他、能给他专业建议，还能协调资源来帮助他，这才是你的优势。

呈现优势六步法

优势怎么呈现呢？

给大家一个优势呈现的方式——呈现优势六步法：关联需求、假设场景、提议做法、效果价值、优势验证、征询意见。（见图 4-10）

例如，客户的需求是希望关注学员的兴趣和参与度，你的优势是通过实战案例的定制和分组竞争来激发学员的兴趣，让大家能够提高参与度。假如这是客户的需求关注点和你的优势，那么我们来看一下怎样去呈现你的优势。

围绕刚才所说的，培训管理者关注学员的兴趣和参与度的问题。那么，关联需求怎么做呢？"您刚才说到您非常关注学员的兴趣和参与度，对

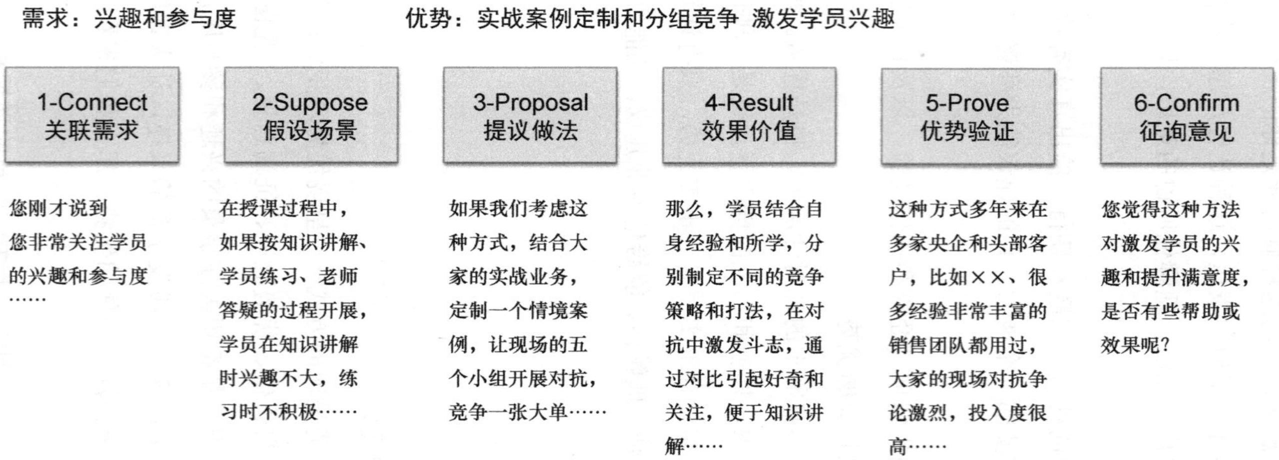

需求：兴趣和参与度　　　　优势：实战案例定制和分组竞争　激发学员兴趣

1-Connect 关联需求	2-Suppose 假设场景	3-Proposal 提议做法	4-Result 效果价值	5-Prove 优势验证	6-Confirm 征询意见
您刚才说到您非常关注学员的兴趣和参与度……	在授课过程中，如果按知识讲解、学员练习、老师答疑的过程开展，学员在知识讲解时兴趣不大，练习时不积极……	如果我们考虑这种方式，结合大家的实战业务，定制一个情境案例，让现场开展互个小组开展对抗，竞争一张大单……	那么，学员结合自身经验和所学，分别制定不同的竞争策略和打法，在对抗中激发斗志，通过对比引起好奇和关注，便于知识讲解……	这种方式多年来在多家央企和头部客户，比如××，很多经验非常丰富的销售团队都用过，大家的现场对抗争论激烈，投入度很高……	您觉得这种方法对激发学员的兴趣和提升满意度，是否有些帮助或效果呢？

图 4-10　呈现优势六步法

吧？"我们可以通过这样一个问题，重复刚才的观点，确认这个关联需求。

假设场景是指如果按原计划，客户会怎么做。例如，"那么针对这个情况，我们在授课过程中，如果按知识讲解、学员练习、老师答疑的过程开展，学员在知识理解时兴趣不大，练习时不积极，会有这样的情况，是吗？"这就是一个假设场景。

提议做法是什么呢？"我们可否考虑这种方式，结合大家的实战业务，定制一个情境案例，让现场的五个小组开展对抗，让他们去共同竞争一张大单，这种做法……"这是一个提议做法的过程。

这样做的效果和价值是什么呢？"那么，学员结合自身经验和所学，分别制定不同的竞争策略和打法，在对抗中激发斗志，通过对比引起好奇和关注，这时候就便于知识讲解……"就是说，我们通过定制案例能带来什么作用和价值。

"我们多年来一直在多家央企和头部客户中采用这种做法，例如某某公司、很多经验丰富的团队都用过，大家的现场对抗非常激烈，投入度很高。刚开始有的很牛的人都不屑于做，但是那些年轻的人跟他在一个组，他实在看不下去了，说'你们小毛孩懂什么，告诉你们应该这样做'。他身不由己地就参与了这种讨论，参与度大大提高……"这就是我们所说的优势验证，即传达给客户一个信息，这不是在做实验，而是在复制同类的做法，你是有把握成功的。

最后还要征询客户的意见。"您觉得这种方法对于激发学员的兴趣和提升满意度，是否有些帮助或效果呢？"

再举个例子，简要回顾一下呈现优势六步法。

第一，关联需求。你是说担心大家参加培训会影响工作，是吗？

第二，假设场景。当然，我们上一些对业务没有帮助的课，可能会引起工学矛盾。

第三，提议做法。如果我们把学员的日常工作积分制，对他的日常行为进行辅导和成果成效的推进，例如他拜访了几个客户，签了几个单子，把他日常的行为做成积分，同时通过引导和培训，进行管理。

第四，效果价值。那样的话，学员不用做额外的付出，只要按部就班地做日常工作，同时在工作中遇到一些问题和挑战的时候，还能得到相应的帮助。这样不仅解决了工学矛盾问题，还把训战变成了推进业务的一个抓手，而且通过对过程的积分和管理，让大家量化自己的行为，进行排名。

第五，优势验证。我们在多家公司已经使用过这种方法，效果是非常不错的。他们很积极、很踊跃，并且每个季度都有标杆，都有希望之星产生。

第六，征询意见。你觉得用这种方法来解决训战过程中培训和实战的关系问题有帮助吗？

我们通过上面一两分钟的表述和优势呈现，让客户认为你关注了他关心的问题，"建议这样做，会有这样的结果，并且别人已经做过了，您觉得怎样？"通过这样一个逻辑来呈现优势，这种优势将有可能成为客户的认知优势，从而帮你建立你的差异化。

【本节练习】

用优势呈现六步法练习编写一条优势呈现。

要求：列举你某个客户的一个需求点，针对性地整理出你或公司的优势，通过优势呈现编写并练习呈现方法。

第5节　获得认同与承诺

在探询澄清需求、呈现差异优势后，接下来要确认你是否获得了客户的认同与相应的承诺。那么，怎么获得客户的认同与承诺呢？

认同承诺才会赢

客户的认同与承诺对销售人员来说非常重要。无论是课程采购还是项目方案采购，都是有分工、有责任的流程性任务，客户都会按照他们的节奏去推进工作。只有在某个环节确认之后，某个阶段的事项完成之后，才会继续推进。

某个阶段怎样才算完成了呢？

在每个阶段，客户通常要找到靠谱的答案，或者有了心中的首选。如果没有收集到合适老师的信息、课程信息或相应的解决方案，客户可能不会制定可行的实施方案，或者没办法向领导汇报。如果在项目中没有接触到理想的机构，客户也不会允许这些人来到公司向业务部门或其他人展开调研，所以一定是客户找到了靠谱的选项，或者有了心仪的对象，他才会继续推进流程。

如果你和客户不是共创关系或没有充分沟通，如果你有被动跟着走的感觉，说不定你就是备胎。因为客户内心一定有一个人陪伴他往前走，所以确保你在每个阶段都能获得客户的认同与承诺，这个项目的跟进才有意义和价值，你的赢率才会更大。

认同承诺两方法

获得认同与承诺主要有两个方法：一个是沟通中随时确认，另一个是共同制订行动计划（见图 4-11）。

沟通中随时确认	共同制订行动计划
➤ 通过确认确保双方理解一致 ➤ 在获得信息之后，通过重复以确认我们对客户所给予信息的理解 ➤ 在给出建议之后，通过确认类问题征询客户的看法或意见 ➤ 确保双方"无死角对等"与达成基本共识	➤ 讨论下一步安排，探讨客户将为推进工作而采取的主要行动计划 ➤ 与客户共同明确具体动作、完成时间、投入资源、协同事项等 ➤ 双方彼此分工、协同合作，共同完成具体工作所需要内容

图 4-11　认同承诺两方法

沟通中随时确认，就是通过确认确保双方理解一致。例如，跟客户重复我们的理解，问客户：自己的理解对吗？时间安排是这样吗？如果我们有这样的方案、做这样的事情，就能解决这样的问题，是吗？刚才您说的是这个意思，对吗？所以确认类问题是非常重要的问题，会确认也是一个非常重要的技能。

在获得信息之后，你要通过重复关键词、重复重要的语句，确认你对客户所给予信息的理解。同时在给出客户建议之后，你要通过确认类问题来征询客户的意见和看法，确保客户对这个建议是有兴趣或认同的。

我们要确保双方"无死角对等"和达成基本共识。什么意思？例如，客户要在下周安排一次领导力培训，客户只告诉你时间、地点和人数，但没有告诉你学员的岗位职责。学员关心什么、喜欢什么样的练习、不喜欢什么样的练习，客户也没有跟你分享。你觉得这样安排似乎有风险，或者有问题。

客户如果把你作为首选，在有些环节一定会和你深入交流并确认意见后再往下走。所以，双方要对重要信息做到无死角的对等并达成基本共识。

共同制订行动计划，是我们要和客户共同讨论下一步的安排，探讨客户为推进工作而采取的主要行动计划，同时要与客户共同明确具体的动作、完成的时间、投入的资源和需要我们协同配合的一些事项。与客户共同制定和明确这些内容，推进时双方彼此分工、协同合作，共同完成具体工作所需要的安排和计划，这些做法更容易提升客户对你的认同度，赢得客户的支持。

获得客户的认同和承诺，能够推进项目的进程，同时能够赢得彼此的信任。

共同做事的过程能够促进双方之间的信任。只有经过一些共同的事情，才能让彼此关系走得更近。

"人"之间的信任又能推进"事"的进程。即便你赢得了对方的信任、双方关系很好，但如果经常不来往，也没有一起推进共同的事情，这种信任的关系就会变得疏远。（见图4-12）

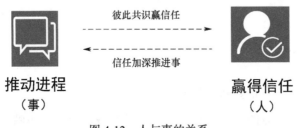

图 4-12　人与事的关系

所以信任加深能推进事情的进程，而事情的进程反过来又能增加彼此的信任。你的人脉好坏是靠你能不能做事去体现的，你做得好，别人对你的信任会增加。事做好之后，信任会增加，会给你更多做事的机会，同时事情的进展会更顺利。

所以既要把事做好，又要赢得信任，赢得信任和做事情是一阴一阳，是彼此互生共长。

【本节练习】

用获得认同承诺的方法练习一条共同的行动计划。

要求：列举一个你与某个客户沟通的例子，针对沟通内容和过程，明确双方认同的确认节点，并提议双方特别是客户方下一步行动计划的建议。

第6节 师资客户沟通要点

邀请老师和客户沟通，是企业培训中经常出现的场景。请老师和客户沟通，面临着哪些挑战？我们需要做好哪些安排？

为什么安排沟通

客户为什么一定要和老师沟通呢？

当年我做甲方的时候，遇到重要的课程或项目时，也特别希望见一见主讲老师，为什么呢？有几个原因：第一，要考察和评估老师的经验、能力、风格等，想看看这个老师有没有料，风格怎样，我们能不能接受。

第二，我们也希望把一些情况给老师讲一讲，让老师多多了解业务和需求。这样他无论备课还是讲解，都能够跟业务贴合得更紧密，让学员更容易理解。

第三，客户和老师进行交流，能让机构和老师更加重视。如果要上课了，客户都没有见过老师，甚至没有开过电话会议，不知道老师有没有做好准备，尤其是对这次培训或者课程和教材做一些特殊的准备。有时客户可能需要去验证一下思路和想法。

第四，对于一些行业内经验非常丰富的老师，客户也想听一听他们的意见、做法和想法。毕竟，他们接触了很多企业，做过很多企业的培训或辅导，知道别人是怎么做的。

和老师的沟通，还需要细化很多安排，例如早晚开始结束的时间、中间练习的时间、课间休息的时间等，以及练习中的禁忌事项。对很多细节的内容，客户需要和老师进行深入的沟通。

基于以上这些，客户经常需要与老师进行沟通。在这种情况下，双方可能见面沟通，也可能电话沟通。

沟通前几方心理

当老师和客户沟通时，大家都是什么心理呢？

很多销售人员对于安排老师和客户沟通这件事，还是很担心、很挠头的。为什么大家会担心和有顾虑呢？我们看看各方都是什么心理。

销售人员会觉得，无论是客户还是老师，两边都"牛"，都"了不起"，也都"惹不起"。这边是"客户爸爸"惹不起，那边是"大师"得罪不起。这是销售人员的心理。

客户认为，老师需要了解公司需求，需要重视公司业务的实际情况，需要了解学员的风格和特点。如果老师不太了解客户，是客户的"行外人"，那么老师的经验或想法在客户这里未必适用，所以老师应该多了解客户的实际情况。

老师认为，自己身经百战，经验比较丰富，甚至认为"什么样的客户没见过""什么样的学员没培训过""什么样的企业没辅导过"。老师也会认为客户在培训方面，或者在其所授课程领域内不那么专业，实践也有限，因此认为客户认知有限，见识不多。

老师对于客户的看法，往往是没有跟客户沟通清楚，销售人员就把自己推上去，所以认为销售人员该做的很多工作都没有做好，而销售人员跟自己说这个客户要什么，自己怎么准备就行了。结果双方一沟通，根本不是那么回事。老师气得够呛，跟销售人员说："你什么情况都没了解清楚，你说的完全不对。客户要的跟你说的，完全对不上。"

沟通时机

下面讲讲老师和客户沟通的时机。

课程类项目通常有两个环节涉及老师和客户的沟通。第一个是在选择环节，客户考察老师时，看看哪个老师和课程合适，要求见面聊一聊。第二个环节，是在基本上已经确定课程的内容、大纲、老师时，交付前还是不太放心，有很多细节要跟老师核对。

对于项目方案，例如人才培养和解决方案的项目型销售，客户和老师的沟通可能是在思路梳理的时候，目的是借鉴思路；也可能是在需求调研的时候，目的是让机构和老师深入了解企业；还有可能是方案汇报的时候，一方面看设计的方案，另一方面看老师的能力和水平。当然也在做一些内部的铺垫，例如让自己的领导或者业务部门对这个老师产生一些感知和良好的印象，为后面的实施做些铺垫等。在实施环节，核心的目的是要设计后续的细节，所以老师和客户的沟通场景和时机是不一样的。

做好沟通准备

根据不同的时机，要做好不同的准备。

首先要提前向老师提供必要的客户背景,同时向客户介绍老师的背景。要和客户提前讲清楚,这个老师在跟很多大企业合作,日程繁忙,整天奔波,意思就是老师特别忙,万一老师表现得不耐烦或有些仓促的话,别让客户产生太大的落差,降低客户对老师的心理预期。

我们要分别和客户、老师明确沟通目标,单独沟通相应的议程并达成共识。如果要开电话会议或见面,最好提前与双方都沟通好,然后拟一个日程发给各方并询问各方:"我们将这么安排,您看可以吗?"与客户和老师的沟通,一定要有个达成共识的日程。如果大家各自有各自的日程,到一起有可能各说各话。我们在实践中经常会遇到这种情况。

我们要提醒老师在沟通中的注意事项,例如,哪些话不要说,哪个公司不要提,哪个友商不要提,哪些问题不要明说。同时要提醒老师,要对客户包容一些,因为客户没有做过这方面的培训,客户没有这方面的经验,如果客户问的一些问题比较浅显的话,请老师多包容、多担待等。

同时要对可能的突发情况制定预案,例如,客户的领导突然来了怎么办,突发了一些变化怎么办,以便老师和销售人员及时做出应对和调整。

我们要先理解各方,然后确定好沟通的时机和目标,做好沟通的准备,这样就可以在很大程度上提升客户和老师的沟通效率。

【本节练习】

列举几条你在实践中,安排客户和老师沟通的注意事项或有效做法。

要求:列举一个你的客户与老师的沟通场景,整理当时你做的准备、双方沟通的过程和效果,并分享你的感受和心得。

第 7 节　师资客户沟通设计

安排老师和客户进行沟通，怎么才能达到比较好的效果呢？如何设计沟通过程呢？

凡是沟通，都有议程。凡是议程，都有逻辑和设计。老师与客户的沟通也不例外。我们从双方信息交互的角度，和大家探讨分享一些实用的方法和流程。

我们考虑这样几个步骤：开场引导、背景互通、客户提问、老师提问、讨论交流、总结确认。（见图 4-13）

这是一个双向、交互的设计过程。通过这样一个过程，我们可以确保大家都有发言的机会，都有提问的机会，也都有表达自己观点的机会，从而让沟通更加流畅、高效和安全。

开场引导

我曾经遇到的最尴尬的一次交流，是我做咨询师和讲师的时候。当时一家咨询机构与我合作，说要跟客户一起开个电话会议，我说好。电话接通后，那位销售人员说"这是夏老师，那是赵总，我们开始"，然后就没话了。当时我们双方都非常尴尬，客户不知道说什么，我也不知道是先说、还是等客户说，这个开场很失败。

我们来看看可以怎么更好地安排。

主持人开场，要说明今天开这个会的目的是什么、双方都有哪些人参与、主要的议程和目标是什么等，同时也要给客户和老师互相打招呼、问

主持人	客户	老师

开场引导	会议背景、双方参与人、 会议流程与目标介绍……	打招呼……	打招呼……
背景互通	请客户介绍大致情况……	客户简要介绍大致情况……	倾听确认……
客户提问	询问老师是否理解…… 询问客户哪些需要问老师……	客户提出简要问题……	重复确认客户的提问 精准回答客户问题……
老师提问	询问老师有问问题需要探讨……	客户回答老师的问题……	向客户提问（谦虚/专业）…… 倾听确认客户的回答……
讨论交流	看有哪些关键点需要讨论……	提问、讨论、回答……	提问、讨论、回答……
总结确认	请各方分别进行观点总结…… 进行会议内容总结确认	总结观点、要点、共识点…… 对会议总结进行确认	总结观点、要点、共识点…… 对会议总结进行确认

图 4-13　师资客户沟通设计

好的机会。在这个环节，主持人一定要把背景、流程、目标、双方的参与人给大家介绍完整，让大家互相打招呼。

背景互通

当互通情况时，主持人要做一个介绍，"我们先请赵总来介绍一下这次安排的大致情况"。当然，这是提前和客户沟通好的，请客户把大致情况和要求先讲一讲。注意，这时客户不会详细介绍，只会介绍一些泛泛的大家都知道的情况，但是我们出于尊重客户，让客户先说，让客户先输出信息给大家。

这时老师要体现一个谦虚的态度，做好倾听和确认。在客户介绍完之后，主持人会询问老师是否了解这些信息，了解的情况怎样，然后老师会确认刚才客户所说的信息。

互相提问

在老师确认客户对所讲信息和内容的理解之后，主持人会问客户："您看还有哪些问题，或者哪些重要内容需要跟老师探讨和交流呢？"这时请客户提出他关心的问题，然后老师再确认问题，并进行精准简练的回答。

所以，第一轮主要是客户介绍基本情况，然后请客户向老师提问，老师回答。

老师回答之后，主持人在询问客户意见之后，会请老师提问："老师，您有什么问题需要探讨和交流，或者向赵总请教吗？"这时老师会向客户提出一些问题，语气要谦虚，问题要专业。

讨论交流

客户根据老师的提问进行回答，同时老师进行倾听和确认。在双方提问和回答之后，主持人可以说："接下来，看我们有哪些关键点需要一起探讨和交流……"在这个过程中，双方开放式讨论，客户会提问、讨论、回答，老师也会提问、讨论、回答，大家你一言我一语，彼此互动交流和探讨。

当探讨到一定程度或者基本有了一些结果时，主持人可以请客户进行观点总结。例如，"赵总，通过刚才的交流，您怎么看这个事情？""赵总，通过刚才的交流，您有什么新的想法或者要求吗？"

总结确认

主持人也会问老师："老师，经过刚才的分享和讨论，您有不一样的理解、想法或建议吗？"老师会进行分享。

最后，主持人进行会议内容的总结和确认，同时请客户和老师分别进行确认。

这个基本流程框架的核心是由浅入深，由客户先讲、先问，然后由老师提问、回答。双方都要尊重对方，这样双方的沟通才能更加顺畅。

【本节练习】

设计老师与客户沟通准备的要点。

要求：选择一个你的老师与客户沟通的场景，分析双方沟通的背景和目标，设计沟通流程提纲和注意事项。

第8节　招投标注意事项

企业培训和咨询经常会遇到招投标的情况。销售人员怎么才能做好投标工作呢？有哪些关键点或要点需要注意呢？

招投标之"潜规则"

招标的形式包括邀标、公开招标、竞争性谈判、询价采购，以及单一来源等。招投标过程从招标开始，到各家投标、现场开标（有的招投标还有各方述标或答疑），最后确定结果的定标、签订合同等步骤。

前期所有的销售工作和努力，最终都要体现在招投标环节。就好像足球比赛，不论之前配合得多么流畅，如果没有踢好最后临门一脚，前期的配合和精彩表演，都将化为乌有。

招投标的核心，就是我们要配合客户走完流程，完成相应任务，也就是在帮客户完成相应的工作。招投标也是把销售人员的优势转化为胜势的过程。

在招投标过程中有一些"潜规则"吗？

没有一个项目不存在倾向性。所有标开始招的时候，或者决定招标的时候，客户内心已经有了倾向性，这也是采购人员正常的心态。既然要采购，本身就有了一些倾向性。

没有一个项目不存在博弈。你不参与博弈，但别人会参与博弈，会来毁你。你可以不做任何事，但是对手会在其中做很多小动作，来干扰你、骚扰你，让你非常不利。所以，没有一个项目不存在博弈，同时没有一个项目是绝对公平的，公平是相对的。

没有任何限制性，采购将无法完成。没有一个项目不存在操作，你不安排，就会被人安排，你不操作，就会被别人操作，没有操作的标也是对双方的不负责任。这种操作不是搞小动作，而是要做足相应的准备，做好相应的沟通。

我们的建议是，合法、合规、合理地遵守规则并利用规则，帮助客户完成任务，这也是在帮助自己成功。这就是我们认为的招投标的"潜规则"。

四阶段与四角色

在招投标的过程中有哪些参与方？各参与方的主要任务是什么？我们需要做哪些事情来配合这个过程？

招投标有业务口、采购口、招投标代理机构和评标专家四大类角色。（见图4-14）

阶段总体分为招标前、开标时、评标时和预中标后四个阶段。

在招标前，业务口和采购口会参与，会决定采购的需求和参数，会处理一些质疑。采购口在招标前要决定采购的形式，制定评分的细则和办法以及商务参数，选择招投标代理机构。所以你提交的一些评分表，还是由采购口编辑和最终发出的。即便你跟业务口做好了准备，但当采购参数交给采购部门的时候，还是可能被编辑和修改。

招投标代理机构也会影响招标参数和组织论证方式。它负责主导质疑答复流程，主导项目报名出售标书，确定专家抽取。招投标代理机构对于专家是有组织的，当然客户的业务口和采购口可以推荐专家。

招标前，评标专家会对招标方案实施的可行性进行评估。

开标时，采购口可以进行采购方式的临时变更。当然招投标代理机构在开标时可以决定现场废标。

	客户业务口	客户采购口	招投标代理机构	评标专家
招标前	■ 确定业务需求 ■ 制定技术参数 ■ 处理质疑	■ 决定采购形式 ■ 制定评分细则（办法） ■ 制定商务参数 ■ 选择招投标代理机构	■ 影响招标方案和参数 ■ 组织方案论证 ■ 主导质疑答复流程 ■ 主导项目报名出售标书 ■ 确定专家抽取	■ 招标方案论证实施（可选）
开标时		◆ 决定采购方式临时变更	◆ 现场废标	
评标时	● 影响评标	● 影响评标	● 影响标书初审 ● 影响评标	● 决定评标结果
预中标后	□ 决定中标人 □ 主导质疑答复流程	□ 主导质疑答复	□ 参与质疑答复流程	□ 复议/协助采购人或代理机构处理质疑具体内容

图 4-14　四阶段与四角色

评标时，业务口和采购口可以影响评标。招投标代理机构可以影响标书初审，影响评标，而真正决定评标结果的是评标专家，最后签字的是评标专家。评标专家对结果签字，最后形成共识。

预中标后，业务口的工作是决定预中标人，主导质疑答复流程。采购口主导质疑答复流程，招投标代理机构参与质疑答复流程。评标专家是复议/协助采购人或代理机构处理质疑具体内容的。

在整个招投标过程中，很多人都有非常多的工作和任务，这是需要我们了解的。对谁在什么时间要做什么事情，我们要做到心里有数。

参数与标书解读

对于参与招投标，首先要做好关键指标和招投标解读。

如果参与招投标参数的制定，就要考虑一些原则，例如合理性、合法性和可证明性。合理性，是指每个指标都要与客户的需求有关。合法性，是指每个指标都有3家能满足，但是所有指标都能满足的，只有我们。可证明性，是指每个指标都要可落地，都有证据可以证明。（见图4-15）

Reason 理由	Specification 指标	Evidence 证明
合理性	合法性	可证明性
每个指标都要 有与客户需求 相关的理由	每个指标都有3 家能满足，所有 指标全部满足 的只有我们	每个指标都要 可落地，有可证 明佐证要求

图 4-15　招投标参数指标设定的 RSE 原则

解读招标书，包括对基本信息、技术商务条款两部分的解读。基本信息包括投标人的资格、开标时间和地点、是否有答疑会、相应采购项目的名称和编号、采购方式、分包要求、预算要求等。技术商务条款有技术规范、商务资质、评分细则以及合同条款及投标文件格式要求等。我们对这些都要认真了解和准备。

五点注意事项

要仔细阅读招标书。即使是你提供给客户方的，也会有相应部门进行审核，采购方也可能有调整。对标书的细节及应答条款一定要仔细检查，不要有任何纰漏。

对资质部分要超标提供，不要刚刚好。如果提供的材料刚刚达标，但万一其中有一两份因为细节原因导致无效的话，你的分就不够了。

记分项和加分项要反复测算，确保没有漏项和丢分项。要按照格式报价，仔细检查，注意价格的准确性和一致性。

如果有机会，就要提前与客户方和内部支持者进行沟通，提前了解相应的信息。要尊重评标专家的意见，理性对待他们提出的各种意见，甚至质疑。

如果想做单一来源，就要提前积累单一来源的证明材料，同时要关注差异化优势的开发和应用。

这仅仅是招投标过程中一些泛泛的注意事项。销售罗盘有一门课程叫作"控标罗盘"，有相应的微课、公开课，非常详细地讲解了每个招投标的细节、流程和注意要点。对招投标感兴趣的朋友，可以参考该课程的详细内容。

【本节练习】

分享你遇到的招投标陷阱和成功经验。

要求：回顾之前的招投标项目，总结梳理遇到的风险/陷阱/挑战，思考并制定相应的措施和注意事项。

第 5 章

管理篇

从这篇开始，我们将探讨销售人员的自我管理。

第1节　目标客户管理

销售人员的目标客户管理要如何进行？为什么要进行目标客户管理呢？如何经营和管理好自己的目标客户？

目标客户梳理六步骤

没有目标客户就没有商机，就没有业绩。想要管理好目标客户，首先要进行目标客户群的细分，按照区域行业画出相应的网格，同时要知道谁是理想的客户，理想客户的画像是什么样的，并了解行业趋势的变化，要盯住风口去捕鸟。（见图5-1）

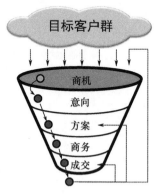

> 细分：区域行业画网格
> 画像：谁是理想的客户
> 趋势：盯住风口去捕鸟
> 数量：盘点客户知多少
> 容量：产出规模有多大
> 策略：有守有攻知取舍

图 5-1　目标客户群

要知道目标客户群的大致数量和市场的大致规模，也就是市场容量到底有多大；同时对市场和目标客户要有所取舍，知道优先选哪一个，这对市场和目标客户管理很重要。

对目标客户梳理，建议大家做好六个步骤：确定客户分类标准，描述理想客户画像，描述客户关键需求，匹配产品解决方案，盘点目标客户数量，评估市场机会规模。（见图5-2）

确定客户 分类标准	描述理想 客户画像	描述客户 关键需求	匹配产品 解决方案	盘点目标 客户数量	评估市场 机会规模
➢ 按行业分 ➢ 按规模分 ➢ 按所有制分 ➢ 按合作深度分	➢ 梳理不同层级客户的典型特征 ➢ 优选排名最理想的目标客户群 ➢ 制定客户主动经营的选择方向	➢ 描述行业客户的最新变化和领域的发展趋势 ➢ 分析客户近期的业务热点和可能的关键需求	➢ 梳理现有解决方案和产品 ➢ 规划客户需要和可开发产品 ➢ 确定客户经营的主打产品	➢ 列举细分目标客户的数量 ➢ 梳理各类客户当前的合作关系与产出情况 ➢ 确定重点经营的客户群和产出的产品	➢ 结合客户数量与主打产品，评估市场经营机会和可能性 ➢ 制定细分客户合理经营目标 ➢ 制订重要客户重点经营计划

图 5-2　目标客户梳理六步骤

如何确定客户分类标准？可以按行业分，按规模分，按所有制分或按合作深度分等，只要有自己的分类标准即可。很多公司应该建立公司级的客户分类标准。

描述理想客户画像，梳理不同层级客户的典型特征，优选排名最理想的目标客户群，制定客户主动经营的选择方向。你至少应该知道最理想的情形是什么，最理想的客户是哪一类。

描述客户关键需求，描述行业客户的最新变化和领域的发展趋势，分析客户近期的业务热点和可能的关键需求。所以当看清楚客户的分类，描述出理想客户的画像时，你就会知道客户面对着什么和需要什么。

做完前三步，我们就要看看有什么产品和解决方案能满足客户，规划客户需要的产品，考虑要研发的产品，从而确定重点客户经营的主打产品。

在梳理完市场和目标客户群之后，我们就能够知道不同客户群的需求是什么，趋势是什么，要用哪些产品来对应。如果没有对应产品的话，可能客户分类标准或者理想客户画像就出现了一些偏差。

接下来要盘点目标客户数量，列举细分目标客户的大致数量，梳理各类客户当前的合作关系和产出情况,确定重点经营的客户群和产出的产品。

结合客户数量和主打产品,我们就能评估出市场经营的机会和可能性。例如,市场有多大?客户都有哪些?大体预算和体量规模是多大?能不能挣到钱?这些问题也就有答案了。

上述几点,可以帮助我们制定细分客户的经营计划和目标。针对目标客户和目标市场的梳理,要从标准到画像到需求,再到方案到数量,最后到规模,有了这样一个计划,你也会成为一位经营者。

客户经营三类型

我们如何对不同层次的客户展开经营?(见图 5-3)

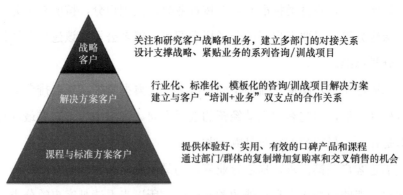

图 5-3　客户经营三类型

对于战略客户的经营,我们要关注和研究客户的战略和业务,跟客户建立多部门的对接关系,设计支撑战略、紧贴业务的系列咨询项目和训战项目。战略客户是通过很多项目服务来促进双方关系的。如果我们与客户停止合作超过一年,这个客户可能就不是我们的战略客户了,因为我们已经脱离了客户的战略,已经不是客户实现战略的伙伴了。

对于解决方案客户,我们要找到行业化、标准化、模板化的咨询和训战项目解决方案，建立与客户"培训+业务"双支点的合作关系。对解决方案客户，我们所做的一定是左脚踩在培训上，右脚踩在业务上，帮助两边共同成功。

对课程与标准方案客户，我们要提供体验好、实用、有效的口碑产品和课程。我们可以通过部门/群体的复制，来增加复购率和交叉销售的机会。例如，我们把一个课卖给了一个部门，那能不能再卖给别的部门？做好部门间的复制、多群体间的复制。如果卖了一个课，那有没有可能卖另一个课呢？这就叫交叉销售机会。

从产品到战略

对于不同层次的客户，经营策略和经营重点是不一样的。（见图 5-4）

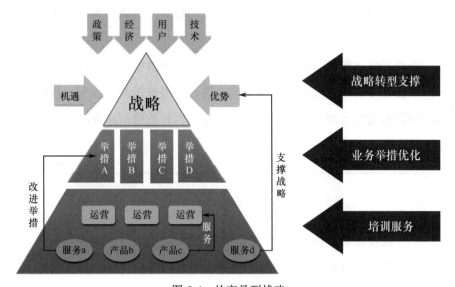

图 5-4　从产品到战略

针对战略客户的经营，是基于客户的战略，制定业务举措来展开相应的运营和服务的，而我们除了用产品满足基层的运营和基本需要，还要通过服务来积累对于客户业务举措的理解和能够帮助客户改进举措的建议。

例如，给客户上了一门课，我们还只是一个课程提供商。如果给客户连着上了 10 次课，那么对客户会多了哪些了解，能否知道客户怎么做会更有效，是否有相应的业务改进意见和建议给客户。通过上这 10 次课，我们应该了解客户的业务逻辑，了解客户的业务需求，目的是能够给客户的业务改进举措提出相应的建议。

服务增加并提出更多业务举措建议之后，我们才有可能帮客户去构建竞争优势，我们就有可能上升为客户的战略合作伙伴。

对于培训服务，我们要做好客户体验，同时在服务过程中要理解客户，熟悉客户的业务，针对客户的业务举措提出相应建议。业务举措越多，对客户的了解越深入，才越有可能成为支撑客户战略转型的伙伴。

客户的深度经营是循环的。在支撑客户的战略后，我们就会参与业务举措的制定和梳理，会有更多的培训服务的机会。这就是客户逐步深入经营的过程。

管理目标市场和目标客户群，做好目标客户群的分类管理，针对不同客户群做好不同产品匹配，对战略客户群做好经营策略，那么，我们将在客户经营的道路上越走越顺，对目标市场和客户的管理越来越主动，收获越来越丰硕。

【本节练习】

梳理你的目标客户群。

要求：按目标客户梳理六步骤，根据不同合作客户制定相应策略，与同事交流讨论所描述的内容。

第2节　销售商机管理

销售商机是企业培训销售中很多伙伴都在面对和希望解决的难题。

商机来源四象限

商机有四种来源。（见图 5-5）

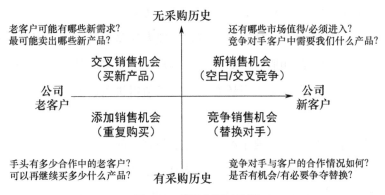

图 5-5　商机来源四象限

我们来看一个商机象限，左侧是老客户，右侧是新客户，下方是采购过产品和服务的客户，上方是没有买过产品和服务的客户。

第一类商机是老客户再买买过的东西，叫作"重复购买"，这类商机叫添加销售机会。

第二类商机是老客户买新东西，叫作"买新产品"，这类商机叫交叉销售机会。例如，老客户买过领导力的课程，现在又买了一个跨部门沟通类型的课程。

第三类商机是竞争销售机会。目前某家客户是你的新客户，你们并没有合作过，但是客户一直在和其他机构合作，所以客户是有采购历史的，但不是向你采购的，所以叫作"替换对手"。如果你要去做，就是替换掉原来的机构，让你成为客户的供应商，使其成为你的新客户。

第四类商机是新销售机会。这里有两种情况，第一种是既没有买过你的产品，也没有买过别人的产品的全新的客户。第二种是竞争对手的老客户。你要把一些差异化产品卖给客户，相当于与竞争对手进行交叉竞争。所以在很多竞争中，往往用交叉形产品直接去进攻对手的老客户来打差异化。

针对添加销售机会，要思考手头有多少老客户可以在合作中持续购买，这些客户可以持续购买你什么样的产品和服务。

针对交叉销售机会，要思考老客户可能有哪些新的需求，老客户可能还会买什么新的产品和服务，如何向老客户卖出更多产品。

针对新销售机会，要思考还有哪些市场值得进入，或者必须进入，以及竞争对手客户中需要我们什么产品。

针对竞争销售机会，要了解竞争对手与客户的合作情况，我们是不是有机会或者有必要去争夺该客户，替换掉自己的竞争对手。

每位销售人员应该对自己手头的客户和商机有非常清楚的分类和了解，对自己负责的地盘和相应的客户经营机会要做到了然于胸。

商机分析六要素

商机需要一些特定要素。

在"策略销售"课程中，有个概念叫作"单一销售目标"，是一个清晰具体的销售机会，是客户的一个单一项目。单一销售目标，要符合 Smart 原则和 MANT 原则。MANT 中的 M 是 Money，要有钱，有预算；A 是

Authority，有权力；N 是 Need，有需求；T 是 Time，有明确的时间。

商机分析六要素必须跟产品和服务相关，要清晰需求和边界；要清楚使用人员、业务部门、用户学员，要明确用户需要解决什么问题达到什么效果；要有明确的预算范围、预算预期和预算来源保障，要明确花哪块的钱、哪个部门的预算；要有相对具体的时间计划，例如，什么时候完成。

通过商机，我们要判断出大概在什么时间、花多少钱、买多少、什么内容、给谁、用来干什么。这六要素就是时间、预算、数量、产品、用户、目标。当这些要素都清楚的时候，商机就是真实存在的。

形势分析三维度

商机形势怎么分析？我们有个模式叫作"形势三维"。（见图 5-6）

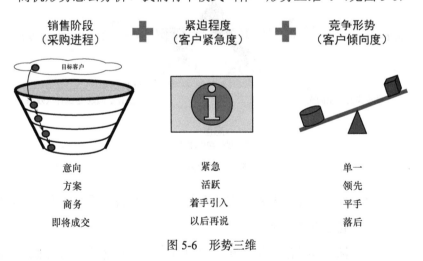

图 5-6　形势三维

首先，要知道这个商机当前的采购阶段是什么，是意向、方案、商务还是在招投标或成交阶段。其次，要对客户的紧迫程度了解清楚。客户着急吗？真的很紧迫吗？是按部就班在推进，还是刚刚着手引入，抑或是可能搁置，以后再说？最后是竞争形势。是自己做，还是有竞争对手？是领先对手、平手，还是落后对手？结合这个形势三维，可以分析总体形势，制定相应策略。

如果商机在方案阶段，客户紧急，我们领先，这时就应该扩大项目优势，尽快推进。如果商机在商务阶段，客户紧急且我们落后，就要用另外的策略了。所以这个形势三维可以用来制定项目跟进的节奏和策略，也可以用来评估商机质量。

关键赢单六指标

对于一个商机能不能赢，可以参考"赢单六指标"。（见图 5-7）

图 5-7　赢单六指标

第一个指标，一定要发展好你的教练。每次销售必须有一个教练和指导者，跟你一起想办法怎么赢。

第二个指标，要关注决策者和决定项目的人，清楚谁是真正的最终决策人，这有助于赢得最终的胜利。

第三个指标，谁在支持我们，谁是我们真正的支持者，支持程度怎样。

第四个指标，要了解客户中谁是发起者、推动者，谁是积极的，谁是消极的，客户对做这样一个事情的态度是什么样的，谁会积极地推动这项工作，积极的力度够不够。

第五个指标，要关注业务结果，这样一个项目或课程到底解决什么问题，需要达成什么效果。如果业务结果说不清楚，说明我们对客户的需求和价值还没有真正搞懂弄通，项目或课程还有很大的风险和不确定性。

第六个指标，要关注每个个体决策者，每个人的关注点和期望是什么，每个人通过项目想实现什么样的诉求，有什么样的期待和价值。

清楚明了赢单六指标，我们才知道这个商机是不是真正的商机，能不能赢。关于商机分析和赢单方法，在《赢单九问》和《赢单罗盘》这两本书里有非常详细的讲述，"策略销售"课程也是专门来讲解这些方法的，大家可以关注和使用。

甄别清楚销售商机的来源，做好形势分析和指标分析，将有助于我们赢得更多订单。

【本节练习】

分析商机来源与六要素。

要求：选择一个你正在跟进的商机，分析商机来源与商机分析六要素，检查商机销售形势与赢单六指标情况。

第3节　销售业绩管理

销售人员如何更好地管理自己的销售业绩？怎样才能完成业绩指标？在本节，我们从课程销售、项目方案销售两类商机中分别探讨如何做好商机预测和业绩管理。

课程销售业绩预测

我们曾在课程销售中谈到了客户采购的基本流程，并基于采购流程梳理了课程销售的基本步骤。

我们可以给每个步骤一个赢单概率。如果客户正跟你沟通需求，这时可能只有20%的机会能赢，这就是赢单概率。如果你正在匹配师资、建议师资，甚至老师和客户开过会了，那么你有一半的机会能赢。如果你了解了需求、建议了师资、给了方案，最后客户让你报价，并跟你谈判，那么从以往成单历史看，走到这一步有70%的机会可以签下这个项目，所以这时有70%的赢单概率。

假如按这个方法，我们把课程销售分成初步沟通、匹配师资、商务谈判、成交四步骤，每个步骤的赢单概率分别是20%、50%、70%、100%，我们可以对它们进行相应的管理。（见图5-8）

图5-8右侧是一张表格。例如，某位销售人员正在跟进三个项目，第一个项目是飞天集团的横向沟通，预计成交金额是2万元，所处阶段是跟客户的初步沟通，赢单概率只有20%，预测收入就是预计成交金额乘以赢单概率，也就是2万元×20%等于0.4万元。

例如，中跑公司的领导力项目预计有30万元的成交金额，目前到了匹配师资阶段，可能有50%的赢单概率，预测收入是15万元。

科飞股份的销售技巧项目，预计成交金额是20万元，到了商务谈判阶段，有70%的赢单概率，预测收入是14万元。

因此，该销售人员的预计成交金额是52万元，根据每个项目的阶段赢单概率计算之后，预测收入是29.4万元。

如果该销售人员的业绩指标是200万元，已经完成了100万元，那么

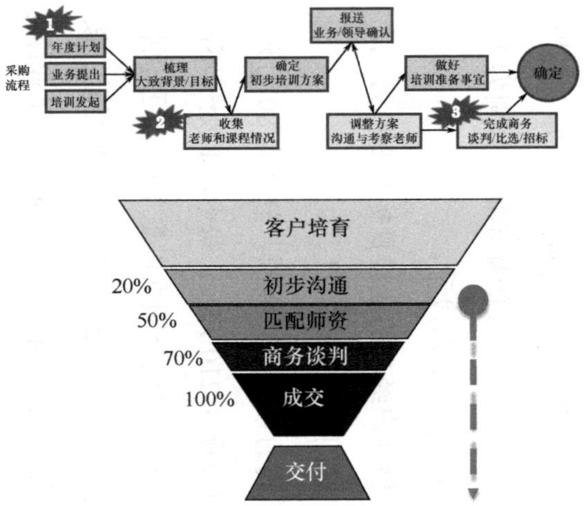

业绩目标：200万元

客户	项目	预计成交	所处阶段	赢单概率	预测收入
飞天集团	横向沟通	2万元	初步沟通	20%	0.4万元
中腾公司	领导力	30万元	匹配师资	50%	15万元
科飞股份	销售技巧	20万元	商务谈判	70%	14万元
合计		52万元			29.4万元

已完成业绩：100万元

业绩缺口：-70.6万元
（已完成+预测）-业绩

图 5-8 课程销售业绩预测

实际上还有 100 万元的业绩没有完成。如果把图 5-8 左侧销售漏斗中的项目叠加起来，折算阶段赢单概率后的预测收入是 29.4 万元，业绩缺口就是 70.6 万元（100−29.4）。

对于 70.6 万元的业绩缺口，就算三个项目全签下来，好像也不够，所以要想办法，要么增加新商机，要么让现有项目卖出更多的东西，提升单产……

通过这样一张表你会发现，如果现在不做出改变，将很难完成 200 万元的业绩。如果能加入更多的客户和商机项目，保证预测收入大于业绩差额，业绩就有可能完成。

项目方案销售业绩预测

我们再来看看项目方案销售的业绩管理。

之前我们也分析了项目方案销售流程，该流程涉及相应的高管、业务、培训和采购等角色，是一个有很多步骤的流程。我们将流程分成客户培育阶段、意向沟通阶段、需求调研阶段、方案汇报阶段、商务阶段和签约阶段，并确定后面五个阶段的赢单概率分别为 10%、30%、50%、70% 和 100%，这个销售漏斗就形成了。

假如项目方案销售客户经理的业绩目标是 300 万元，一共接手移通、中电能源、省工行、第四桶油四个项目。

不同的项目有不同的预计成交金额，分别为 80 万元、60 万元、30 万元、40 万元，总合同金额为 210 万元。每个项目处于不同的阶段，赢单概率如图 5-9 所示。根据预计成交金额乘以赢单概率，预测收入共有 62 万元。

如果业绩目标是 300 万元，已经完成了 250 万元，按销售漏斗的预测收入 62 万元计算的话，那么实际上已经超额完成了业绩指标 12 万元。他只要按部就班把这些项目做好，今年有可能拿到超额奖金！

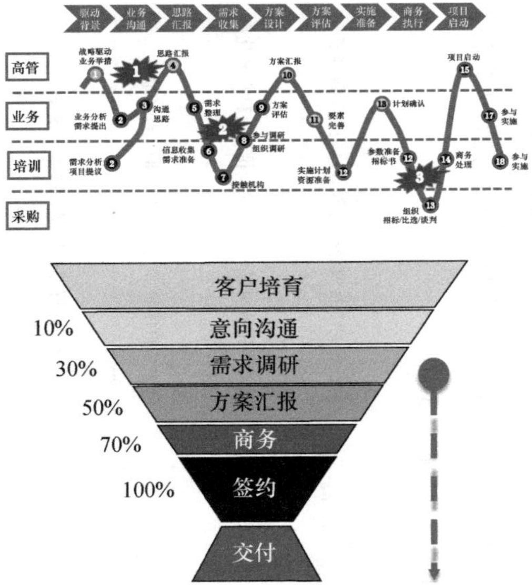

业绩目标：300万元

客户	项目	预计成交	所处阶段	赢单概率	预测收入
移通	云网融合	80万元	意向	10%	8万元
中电能源	后备总	80万元	需求	30%	18万元
省工行	在线营销拓展	30万元	方案	50%	15万元
第四桶油	省级干部拓展营	40万元	商务	70%	21万元
合计		210万元			62万元

已完成业绩：250万元

业绩缺口：+12万元
（已完成+预测）−业绩

图5-9 项目方案销售业绩预测

通过业绩目标、已完成业绩、销售漏斗过程管理、销售预测管理等方法，我们就能预测收入的可能数额，从而管理好销售业绩。

对于课程和项目方案，我们建议分开管理，因为这两类销售流程难度、复杂度不一样。很多公司应该建立两套销售业绩管理体系，一套是短平快的课程管理体系，另一套是稍微复杂、金额大些的项目方案管理体系。

业绩管理四点建议

对于个人和团队的业绩管理，给大家四点建议。

吃着碗里的，是指对于已经签约的项目要做好交付，做好服务，让客户满意，同时关注后续的商机，把项目交付的尾款收回来。

看着锅里的，是指漏斗里要充足，要有计划地推进，要确保这些项目都有转化率，提高这些项目的赢单概率。

种着田里的，是指目前还没有明确的、具体的商机和项目的时候，要联系和培育所负责的目标客户群，关注其有没有新变化，或者有没有新需求。

想着天上的，是指要为理想目标客户群提供信息，要能够与他们产生联系，触发他们可能的潜在需求，说不定哪天他们就会成为你的客户，或者成为你漏斗里的客户。（见图5-10）

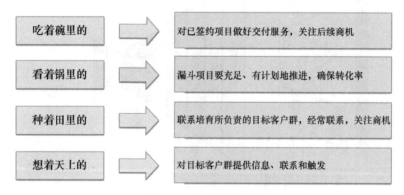

图 5-10　业绩管理建议

通过对课程销售和项目方案销售的漏斗梳理，以及销售业绩的预测方法，大家应该能够结合自己的情况做简要的分析和预测了。如果把这几件事情做到位，你的业绩就会比较出色。

【本节练习】

梳理个人商机与业绩预测。

要求：梳理课程和项目方案两类漏斗，完成个人业绩预测表（见表 5-1）。

表 5-1　个人业绩预测表

业绩目标：

客户	项目	预计成交	所处阶段	赢单概率	预测收入
合计					

已完成业绩：　　　　　　　　　　　　　业绩缺口：

（已完成+预测）-业绩

第 4 节　日程管理

销售人员要想完成业绩，关键的是要执行到位。那么，怎么确保制定得很好的策略，能得到有效执行呢？如何做好日程管理呢？

只有做好每周和每天的重要工作，才能确保销售项目的推进和业绩的达成。我们来了解一下销售管理的基本框架。

团队管理四个会议

对于很多销售团队和个人来讲，都要做好季度、月（或双周）、周、天这四个会议。（见图 5-11）

从季度会来看，重点是要审视业绩的总体情况、完成率和缺口，要制订有效的业绩完成策略和缺口补充计划。例如，一个市场活动针对的是一些特定的客户群体，就要制定一些特殊的政策和机制，这就属于业绩完成策略或缺口补充计划。

月（或双周）会的重点是要审视重要客户的经营计划、重点项目的推进计划，以及每月（或双周）重要任务和资源的协同保障。很多公司级的重要资源协调是在月（或双周）会上进行的，因为很多重要资源在两周甚至一个月前就已安排好。

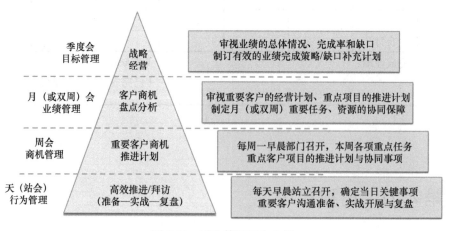

图 5-11　团队管理四个会议

周会一般是在每周一早晨召开，议题是本周各项重点任务、重要客户项目的协同推进工作。所以，周会更多是在部门内部召开，而双周会更多是跨部门来召开。

每天早晨的站会，主要议题是确定当日的关键事项：要拜访什么客户，做了什么准备，怎么沟通，希望达成什么效果。结束之后会做一个实战的复盘。

因此，对销售人员来说，每个季度要关注自己的业绩变化和完成情况；每个月或双周对于业绩和重要工作的进展要做好随时沟通和回顾；每周要做好每周的计划；每天的事情要执行到位。那么，销售人员的业绩就会完成得更好。

通过这样一个逻辑，我们把季度的目标管理、月（双周）的业绩管理、每周的商机管理和每天的行为管理，纵向一体化，将它们连贯和通畅起来，这样我们的销售计划就会更加有效和科学。

如何做好日程管理

下面重点和大家谈谈周和天的日程管理。

怎样做好每天的日程管理？我们要对日程进行安排，建议大家使用相应的日常管理工具。我们在做日程管理的时候，要做到每个日程目标明确、对象清晰。无论跟谁做什么项目，动作要量化，结果要可实现，要关联相应的客户、角色和项目，并且有合理的时间维度及期限约束。（见图 5-12）

任务明确	动作量化	结果现实	主体相关	时限约束
➢ 目标明确 ➢ 对象清晰	➢ 任务可量化 ➢ 结果可衡量	➢ 任务可达成 ➢ 安排合理现实	➢ 关联客户 ➢ 关联角色 ➢ 关联项目	➢ 有时间维度 ➢ 有期限约束

图 5-12　日程管理

"明天我要拜访客户",这不是日程;"明天我们要拜访第四桶油的培训中心张主任,重点跟他去探讨什么,希望实现什么,他跟我们哪个项目相关,需要几点到几点去拜访交流",这才是一个好的日程。建议大家把自己的日程有效地管理起来。

及时做好跟进记录

我们建议大家做好跟进记录。

什么时候做跟进记录呢?当与客户沟通互动的时候、获得重要信息的时候,我们都需要做好沟通记录。好记性不如烂笔头。要有重要计划的安排和相应的日程安排,必要时候要做好记录,与客户沟通后要做好交流总结。当项目发生重要变化的时候,或者客户关键需求发生变化的时候,或者出现注意事项提醒的时候,我们都应该把情况记录下来。(见图5-13)

何时做　　　　　　　做哪些

➤ 与客户互动或获得重要信息时　➤ 发生什么事或获得什么消息

➤ 有重要计划安排(关联日程)时　➤ 图片/照片/文件/对话记录

➤ 客户沟通交流后　　　　　　　➤ 动作或事件类型(可自定义)

➤ 获得项目重要变化或消息时　　➤ 关联客户哪些人(关联角色)

➤ 客户关键需求发生变化时　　　➤ 提醒内部哪些人(消息通知)

图5-13　跟进记录

跟进记录关联了客户、商机和联系人,对具体的事、信息,相关的图片、照片、文件、对话截图都可以保存下来。对于一些重要的动作或事件的类型,如交流、拜访、沟通、提交方案、报价等,都可以定义出来,同时要为客户的联系人和关键角色做好标注,还可以用@键通知其他人,让项目组的协同人员共同了解这些信息。

一个好的记录应该变成一个协同事项。所以建议大家用好一些客户管理、日程管理和项目跟进方式的工具，以便对客户和项目做好相应的跟进工作。

用好周报仪表盘

我们建议大家做好相应的周报。

每周有哪些重要的行为是和销售相关的？例如，要跟进哪个单子？要转化哪个事情？哪个项目做赢单了要去跟进交付？要发展什么线索？……要结构化地管理每周的任务和动作。

周报有哪些内容呢？周报应该是销售的仪表盘，包括签约数量、签约金额、业绩目标、回款金额乃至业绩缺口；还包括工作量，如过去一周拜访了几个客户，跟进了几个项目，新增了几个客户；也包括跟进项目的状态，如跟进记录增加，哪些阶段发生变化，哪些赢单概率发生变化，新增了哪些信息；同时包括一些关键指标统计，如拜访量、阶段转化率和线索转化率等。（见图 5-14）

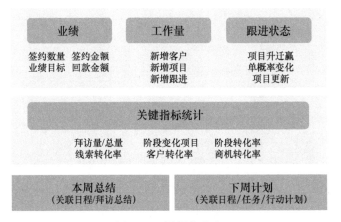

图 5-14　周报仪表盘

周报还要能体现本周的工作总结和下周的工作计划。通过日程或任务，或者拜访总结，或者行动计划，关联自动生成周报的相关内容。

建议每位销售人员都用好日程，用好跟进记录，用好周报，建立自己的销售仪表盘，这样会帮自己建立良好的销售习惯，对事情和任务进行有序的管理，以更好地完成销售业绩。

【本节练习】

制订自己的周报和日程计划。

要求：讲述为什么需要日程和周报，做好一份自己的日程任务，梳理自己周报的主要内容。

第 6 章

应用篇

第1节 企业培训销售流程

前面五章主要介绍了单个销售人员如何处理单个客户和单个项目。本章将从培训机构及其管理者的角度来探讨如何处理多个客户和多个项目。

企业培训机构组织架构

因客户需求和市场推广需要，企业培训机构往往涉及多条产品线、多个行业，覆盖多个区域，通过总部形成多种产品和解决方案，面向全国进行业务推动和支持协同。（见图 6-1）

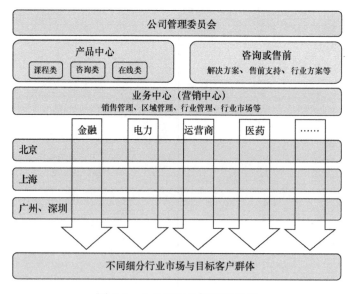

图 6-1 企业培训机构组织架构

企业培训机构要按"产品类型""不同区域""重点行业"三个维度进行分析和管理。

从营销业务管理角度，企业培训机构要考虑：

- 面向多条产品线、多个行业、多个区域或分公司的交叉管理。
- 面向不同客户级别（战略级客户、业务级客户、课程级客户等）。
- 面向多业务销售模式（战略服务、解决方案、在线服务等）。
- 区分不同项目重要程度（总部级项目、分公司级项目、团队级项目）。

企业培训机构覆盖全国，员工异地管理，对于客户跟进和销售行为需要有效记录和管理。在涉及不同业务线条管理时，需要分权限从不同维度进行业务推进、管理控制、销售漏斗分析、业绩预测、统计分析管理。

从线索到现金

从业务开展的全流程角度来看，企业培训机构需要对各种活动线索、客户信息与联系人信息、重要合作项目或商机、公司的商务流程等，进行统一管理，即实现从线索到现金的全流程管理。（见图6-2）

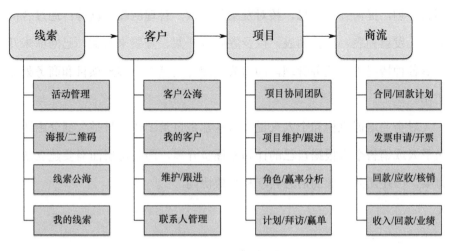

图6-2　从线索到现金

在活动线索管理方面，企业培训机构需要对重要活动的海报和二维码进行设计，实现主题活动的信息收集、线索分配。销售人员可自己创建线索，对线索进行维护，如线索分配、线索领取、线索跟进、线索转化等。这适用于培训行业高频次、多形式的市场推广活动。

在客户管理方面，企业培训机构需要维护我的客户、客户公海、客户联系人等，可以进行客户创建、导入、维护、编辑，以及变更负责人、多人共同经营、客户合并等维护工作，通过客户分配和分享功能，将一个客户信息分配给多个销售人员进行多项目跟进。这适用于一个大集团，由多个客户经理或多个业务部门同时跟进的情况。

在重要合作项目或商机管理方面，企业培训机构可以创建商机和项目，编辑与维护基本信息和概况，对客户紧迫度、销售阶段、竞争形势、采购流程、联系人/角色、跟进记录等进行记录和分析，维护项目赢单、丢单、延缓等关闭功能，以帮助销售人员记录结构化收集课程和项目方案商机、所需信息和进度状态。

对于公司级的商务流程处理，企业培训机构可以根据项目生成合同和回款计划，提请开票信息，核对发票与回款，管理应收账款等；通过合同列表、发票列表、回款列表，以及签单未开票、开票未回款、已回款未开票等各种情况进行业务管理，助力公司应对较复杂的客户项目和商务处理工作。

对企业培训机构和个人来说，这些都是日常工作，只是大部分由团队负责人或销售个人根据自己的计划在逐步开展，而公司层面需要建立统一框架，以便团队内部的信息共享和高效协同。

第2节　行业产品分类

合理的分类是企业培训机构进行统计、分析、管理的重要依据。

产品行业分类原则

企业培训机构当年卖了多少课程，做了多少项目，收入是多少，哪些课程是爆品且最受哪些行业或哪些客户的喜欢，哪些课程几乎没怎么卖……这些问题都是要思考的。

为更好地实现管理维度，企业培训机构需要先对产品、重点行业做好区分，以便做好后续的统计分析工作。图 6-3 是产品和行业分类。例如，

图 6-3　产品和行业分类示例

产品分为精品课程、训战咨询项目、解决方案等，精品课程又分为领导力系列、销售系列、研发系列、员工基础能力系列，每个系列下又都有核心版权课程，或者标准或定制课程。

在行业层面，不同的培训机构可以结合自身的业务开展情况、客户结构情况来划分重点行业。（见图 6-3）如果公司是一家区域型公司，那么可以将所在区域的重点行业作为划分标准，如制药、食品、央企省公司、运营商等。

分类统计业绩分析

通过对产品、行业的分类和分级管理，培训机构能够聚焦到客户行业和细分领域，帮助业务团队和销售人员做好企业培训业务的深耕和经营。

如图 6-4 所示，根据"产品+行业"维度，培训机构可以看到不同产品在不同行业的产出情况，以了解公司业务的开展情况。

收入快报-产品行业表 筛选 重置筛选					□ 显示空数据			
				本月新增（万元）				
	科技	金融	制造业	能源	商业服务	综合性集团	其他	合计
产品总体	10.00	10.00	10.00		6.00			36.00
精品课程	10.00	10.00	10.00					30.00
训战咨询项目					6.00			6.00

图 6-4　产品+行业

如图 6-5 所示，根据"机构+行业"维度，培训机构可以看到哪些机构在哪些行业经营效果如何，这样就可以加强资源投入的导向性，以及优化重点市场机会挖掘开发的部署工作，实现企业培训经营的结构化、深度化、可视化。

	本月新增（万元）							
	科技	金融	制造业	能源	商业服务	综合性集团	其他	合计
总体	8.80	8.50	8.00		28.00			53.30
∨ 北京公司			8.00					8.00
徐飞			8.00					8.00
沈彤								
∨ 上海公司					23.00			23.00
周玲					23.00			23.00
马腾								
∨ 深圳公司	8.80							8.80
陆锋	8.80							8.80
∨ 面授事业部		8.50						8.50
李亚楠								
周羽		8.50						8.50
〉在线事业部					5.00			5.00

图 6-5　机构+行业

在合理分类基础上，对于正在跟进的重要商机和多个商机构建的销售漏斗，我们可以在培训机构经营会议上，清晰地看到每个机构的商机跟进情况，以此进行重要项目的沟通、重要市场拓展策略的制定，助力重点产品的有效推广。

从总部产品事业部门的角度，我们可以看到自己的业务（如精品课程、训战咨询项目等）都由哪些机构在做，有哪些商机，从而为产品或业务条线提供更多有效的支持。（见图6-6和图6-7）

从业务跟进和过程管理角度，我们有了这样的可视化工具，对于公司跟进项目情况和资源投入情况，以及业绩完成和销售预测情况，可以做到一目了然，心中有数。

销售漏斗-产品部门表　筛选　重置筛选　　☐ 显示空数据

产品	部门	负责人	关联项目数量（个）	合同收入 合计（万）	预测（万）
精品课程	北京公司	徐飞	1	10.00	
		沈彤	1	10.00	5.00
	小计		2	20.00	5.00
	深圳公司	陆锋	1	10.00	
	小计		1	10.00	
	面授事业部	李蓝楠	1	10.00	7.00
		周羽	1	10.00	
	小计		2	20.00	7.00
合计			5	50.00	12.00
训战咨询项目	公司直属	董慧	1	20.00	10.00
	小计		1	20.00	10.00
	上海公司	周玲	1	20.00	5.00
		马腾	1	20.00	
	小计		2	40.00	15.00
	咨询事业部	王浩	1	30.00	
	小计		1	30.00	15.00
合计			4	90.00	40.00
解决方案	深圳公司	陆锋	1	100.00	50.00
	小计		1	100.00	50.00
合计			1	100.00	50.00

销售漏斗-部门产品表　筛选　重置筛选　　☐ 显示空数据

部门	产品	负责人	关联项目数量（个）	合同收入 合计（万）	预测（万）
北京公司	精品课程	徐飞	1	10.00	
		沈彤	1	10.00	5.00
	小计		2	20.00	5.00
合计			2	20.00	5.00
上海公司	训战咨询项目	周玲	1	20.00	5.00
		马腾	1	20.00	10.00
	小计		2	40.00	15.00
合计			2	40.00	15.00
深圳公司	精品课程	陆锋	1	10.00	
	小计		1	10.00	
	解决方案	陆锋	1	100.00	50.00
	小计		1	100.00	50.00
合计			2	110.00	50.00

图 6-6　销售漏斗（1）

销售漏斗明细总表　☐ 显示空数据　　　　　　　　　　　　　　　　　　　导出

分类	部门	销售负责人	客户	项目	项目阶段	产品	最后跟进时间	预计成交时间	预测成交金额	阶段赢率(%)	合同收入预测（万）
漏斗中	北京公司	沈彤	金丰银行	金丰银...	方案	超级拜访		03月25日	10.00	50%	5.00
	小计								10.00		5.00
	上海公司	周玲	极勘语音	极勘训...	意向	OMO训...		04月05日	20.00	25%	
		马腾	汇丰人力	汇丰人...	方案	OMO训...		04月30日	20.00	50%	10.00
	小计								40.00		15.00
	深圳公司	陆锋	联合集团	联合集...	方案	训、战...		05月31日	100.00	50%	50.00
	小计								100.00		50.00
	面授事业部	李亚楠	桂新电子	桂新电...	商务	营销规划		02月20日	10.00	70%	7.00
	小计								10.00		7.00
	咨询事业部	王浩	汇丰人力	汇丰人...	意向	锦安Y23		03月15日	30.00	25%	
	小计								30.00		7.50
合计									190.00		84.50
已签未回款	北京公司	徐飞	新利造车	新利策...	已成交	策略销售	02月16日	01月31日	10.00	100%	
	小计								10.00		
	上海公司	周玲	稳健版权	稳健版...	已成交	企业师...	02月16日	02月16日	20.00	100%	
		马腾	汇丰人力	汇丰企...	已成交	企业师...	02月16日	02月16日	10.00	100%	

图 6-7　销售漏斗（2）

第3节 线索商机管理

培训行业是高度信赖客户体验和客户关系的行业，其商机的产生需要企业培训机构不断进行品牌和体验的打造，市场活动和线索对企业培训机构尤为重要。

推广活动与线索管理

企业培训机构经常会设计客户体验、在线直播、沙龙、大型展会（培训年会等）等市场活动，还会借助互联网和社群进行传播，所以需要将这些活动进行有序管理，并且对活动所触达或收集的线索进行汇总和分配。（见图6-8）

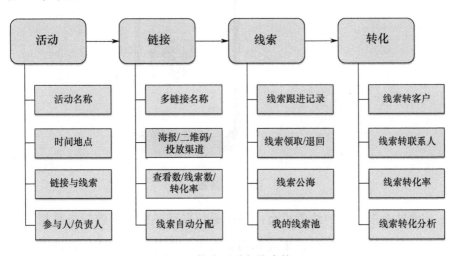

图6-8 推广活动与线索管理

通过不同场次的系列活动设置,将每次活动的海报与二维码进行关联,根据负责人、线索归集人等进行设置,就可以实现相应线索的自动收集,并指向特定的负责人或归集人;或者进入线索公海,由市场部门的同事回访,或由相应的业务同事进行领取或跟进。

海报设计与线索归集

如果市场部门策划一次主题线上微课,销售人员则可以制作图文海报,直接生成可在微信等社交媒体传播的链接。(见图6-9)客户可以通过扫码登记,参加相应活动,如索取 PPT 或意向登记。该主题线上微课的线索也自动完成了收集和登记。

图6-9　海报

通过海报获得的线索机会,可由系统自动或由市场部门按照相关的规则,分配给相应的经营单元和销售人员,由其进行后续的跟进转化。我们一般要求同事三天内完成对客户的及时回访,提供相应的信息材料,

或者客户的意见征询。（见图6-10和图6-11）

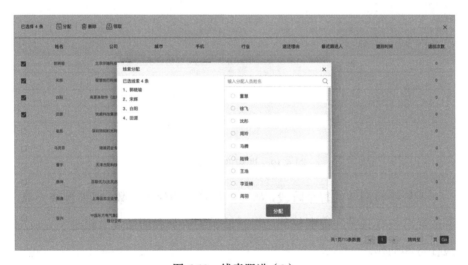

图6-10　线索跟进（1）

图6-11　线索跟进（2）

销售人员在公司级线索公海池中，根据所辖区域或相关规则，可以进行线索的领取，来补充自己的线索资源。在这个过程中，销售人员也需要关注线索活跃期的经营权预警机制，以确保销售线索的及时跟进和转化。

课程商机四步漏斗

对于不同客户的不同项目，企业培训机构需要有不同的销售路径跟进。在销售篇，我们对课程采购与销售流程、项目方案采购与销售流程进行了细致梳理，那么企业培训机构如何实现这些销售流程的有效跟进、自动提醒呢？

例如，对于课程销售，通过定义销售路径类型，我们可以对销售漏斗的不同阶段进行定义，包括漏斗阶段、赢单概率等，如沟通基本情况（赢单概率 20%）、匹配师资（赢单概率 50%）、商务沟通（赢单概率 70%）、成交（赢单概率 100%）等。对于每个阶段需要做的工作和任务进行预设，在销售人员推进过程中进行提醒。（见图 6-12）

| 漏斗类型： | 课程销售 | | | | | |

| 销售产品： | 精品课程，营销规划，策略销售，解决方案 | 已选 | | 销售金额： 5 — 15 万元 | | |

阶段	阶段简称	分析阶段	赢率（%）	商机（项目）保护天数	商机（项目）提醒天数	商机（项目）强制退回天数
1	沟通基本情况	方案	20	30	15	10
2	匹配师资	方案	50	30	15	20
3	商务沟通	商务	70	30	15	10
4	成交	即将成交	100	30	15	15

图 6-12　课程商机四步漏斗

课程销售漏斗的每个阶段，都提供各阶段的保护天数、提前预警天数、释放经营权等预警和提醒机制，以帮助销售人员和团队及时跟进和完成相应任务和动作。

项目商机五步漏斗

项目方案的销售漏斗可根据不同业务进行定义。例如，对思路沟通（赢单概率 10%)、需求调研（赢单概率 30%)、方案汇报（赢单概率 50%)、商务谈判（赢单概率 70%)、签约（赢单概率 100%)，进行分阶段跟进和预测分析。（见图 6-13）

选择	阶段	阶段简称	分析阶段	赢率（%)	商机（项目）保护天数	商机（项目）提醒天数	商机（项目）强制退回天数
☐	1	思路沟通	意向	10	15	10	15
☐	2	需求调研	方案	30	14	10	14
☐	3	方案汇报	方案	50	15	10	15
☐	4	商务谈判	商务	70	15	10	20
☐	5	成交	即将成交	100	10	7	10

*漏斗类型: 训战项目
*销售产品: 训战咨询项目 已选 销售金额: 10 — 80 万元

图 6-13 项目商机五步漏斗

通过这些分析，我们可以建立公司级销售漏斗分析预测，这有助于重要商机和业绩的实现；还可以进行主动管理，助力销售团队和个人完成业绩。（见图 6-14 和图 6-15）

销售人员对自己目标客户、市场活动线索、重点商机进行跟进转化，做到及时跟进；培训机构通过系统化、自动化、流程化的方式，提升转化效率和效果。这些对于提升客户满意度、提升个人和团队业绩将大有帮助。

意向
项目数量: 1 合同总额: 20万元 业绩总额: 18万元 收入预测: 3.75万元 综合赢率: 21%
月活: 100% 季活: 100%

方案
项目数量: 5 合同总额: 180万元 业绩总额: 155万元 收入预测: 71.87万元 综合赢率: 46%
月活: 100% 季活: 100%

商务
项目数量: 1 合同总额: 10万元 业绩总额: 7.8万元 收入预测: 6.13万元 综合赢率: 79%
月活: 100% 季活: 100%

即将成交
项目数量: 0 合同总额: 0 业绩总额: 0 收入预测: 0 综合赢率: 0%
月活: 0% 季活: 0%

图 6-14 销售漏斗分析预测（1）

图 6-14　销售漏斗分析预测（1）（续）

业绩目标	1500 万	实现业绩	0			剩余月份: 10月
项目阶段	极佳	优质	常规	较差	待定	业绩预测
意向				3.75 万元		3.75 万元
方案			62.84 万元	9.03 万元	9.05 万元	80.91 万元
商务			6.13 万元			6.13 万元
即将成交						0
漏斗预测收入	0	0	68.97万元	12.78万元	9.05万元	90.79万元
已签单再回款		0	其他应收款		0	0
累计预测完成率	0	0	4.60%	5.45%	6.05%	6.05%
业绩差距	−1500万元	−1500万元	−1431万元	−1418.25万元	−1409.25万元	

图 6-15　销售漏斗分析预测（2）

第4节 客户协同经营

多人经营同一客户

培训机构要围绕大客户持续深度经营。一家大客户每年有多次合作机会，能持续产生多个商机，这种情况非常普遍。

对于大客户产生的商机中，有课程购买，也有训战项目产生，还有咨询项目产生，这种多业务类型需要不同的团队通过不同的流程跟进。

培训机构针对同一大客户，在创建客户信息后，要选择不同部门的人员协同工作，共同经营该客户。这样不同部门可以为客户提供不同的产品方案，通过协同工作，既实现了客户多维度经营机会的覆盖，也实现了内部多部门和团队内部之间的高效协同。（见图6-16）

图 6-16　多人经营同一客户

同一客户多个项目

同一客户可以由多人经营，这不仅涉及客户的每个项目，还涉及不同人员来负责跟进，由此会有不同的客户经理、师资、专家形成一个临时项目组进行协同跟进。

在这种情况下，培训机构需要针对该客户创建多个单独商机项目。在客户档案中，所有与该客户相关的公共信息将汇集共享，便于销售人员及团队了解。对于单个项目，因为只有该项目团队单独掌握，所以保护了重要信息的私密性。（见图 6-17）

图 6-17　同一客户多个项目

多人协同跟进商机

针对项目组建的项目小组，可邀请小组成员加入项目群，随时进行项目进展情况的交流与协同。可以通过@功能，实现重要人员的知会与同步，避免遗漏重要信息。（见图6-18）

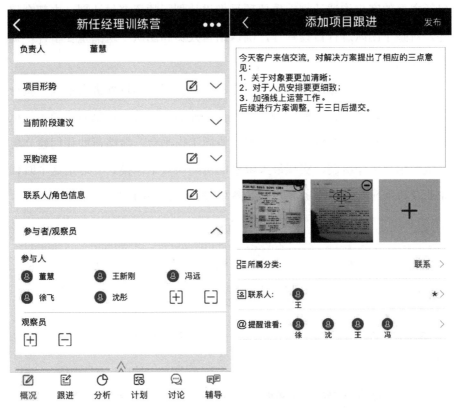

图6-18 多人协同跟进商机

在销售推进或实施过程中，对于客户的重点事件，培训机构可以通过日程管理和日程协同进行团队内部、团队与师资、团队与管理者之间的协同。通过多人、多任务、多日程同步协同，同时关联重要客户、重要项目、主要联系人等，培训机构可以自动生成对该客户、项目或联系人的跟进记录，便于查询和检索历史接触情况与内容。

协同共享日程看板

协同共享日程看板是将重点客户、重要项目、主要联系人作为主线，包括主要的客户沟通计划、重要项目推进计划、师资交付计划、内部会议等，对整个团队进行日程管理，确保销售人员和团队不遗漏重要事件，提升协同销售效率。

培训机构通过建立以客户为中心、以重要商机项目推进为主线，整合公司内部管理者、咨询顾问、销售人员、外部师资等多角色的协同工作机制，建立跨部门、跨区域、跨组织的协同工作平台，能够帮助我们建立更高效的销售运作机制，实现最大限度的协同高效工作模式。这是这个时代企业及时响应、及时服务客户的必备手段。（见图 6-19）

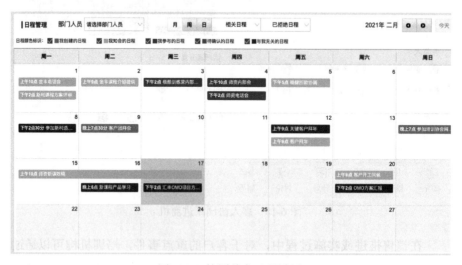

图 6-19 协同共享日程看板

第5节 师资管理

讲师与咨询专家是培训机构的重要资源。每家培训机构的业务都是建立在有较好的合作师资和咨询顾问的基础上的。

师资分类与管理

在业内，大多数培训机构都有自己的师资和版本课程，或者咨询服务项目。但是因为客户的需求多种多样，或者从战略或业务发展角度，培训机构也希望基于与客户的合作关系，为客户提供更多产品和服务，于是便有了师资合作等，而对这些资源也需要进行合理有效的管理。

通过对不同类型的师资进行分类，以及相应的成本定义，企业可以对公司高管、独家合作师资、外部合作师资、公司自有师资、临时合作师资进行管理，给予不同类型的师资相应的合作机制和政策，以积累和经营好重要的师资。（见图6-20）

培训机构对不同类型的师资，可以通过账号分配、个人联系方式同步的方式，使其成为业务开展中的一员，成为项目参与者，共享日程、特定任务、指定权限内的项目基本信息资源，以及作为项目组成员进行讨论和交流，这些有助于提高师资的参与度和准备度，以更好地为客户服务。（见图6-21）

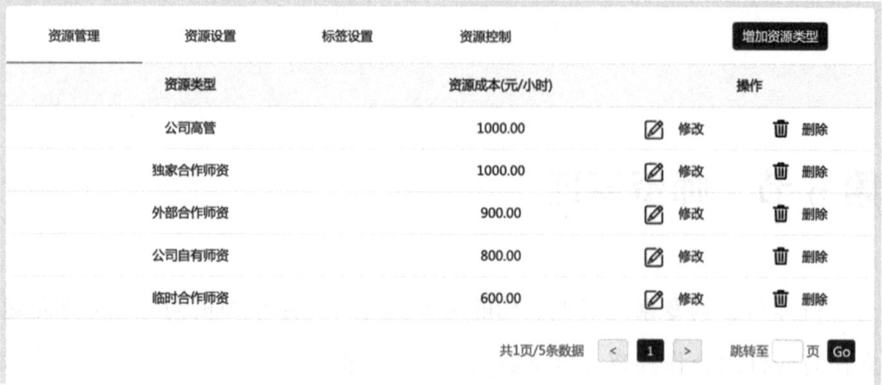

资源类型	资源成本(元/小时)	操作	
公司高管	1000.00	修改	删除
独家合作师资	1000.00	修改	删除
外部合作师资	900.00	修改	删除
公司自有师资	800.00	修改	删除
临时合作师资	600.00	修改	删除

图 6-20　师资分类

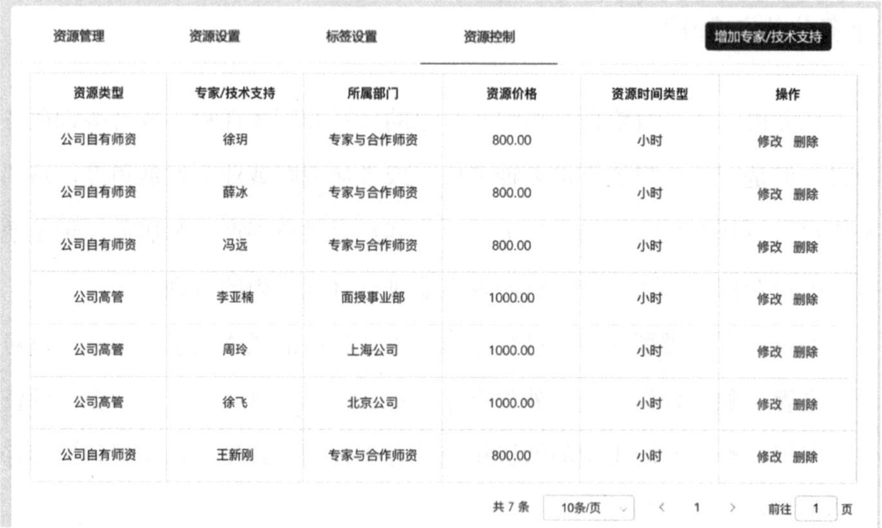

资源类型	专家/技术支持	所属部门	资源价格	资源时间类型	操作
公司自有师资	徐玥	专家与合作师资	800.00	小时	修改 删除
公司自有师资	薛冰	专家与合作师资	800.00	小时	修改 删除
公司自有师资	冯远	专家与合作师资	800.00	小时	修改 删除
公司高管	李亚楠	面授事业部	1000.00	小时	修改 删除
公司高管	周玲	上海公司	1000.00	小时	修改 删除
公司高管	徐飞	北京公司	1000.00	小时	修改 删除
公司自有师资	王新刚	专家与合作师资	800.00	小时	修改 删除

图 6-21　师资管理

师资调用与评价

师资交付课酬的管理也是重要的工作内容。培训机构可以通过师资档案管理、师资成本价定义、交付过程管理和反馈评价，实现应付工作量统计与效果评价的自动统计。哪些讲师完成了哪些客户的项目，哪些课程已交付,交付数量是多少,应付课酬金额是多少,这些数据通过审核确认后,可作为财务支出的重要依据,不仅会减轻管理人员的工作量,而且数据很精准。

如果将应付课酬与财务、支付系统关联应用,那么经过审核确认之后,合作师资就能够按确定时间及时收到相应课酬,这对提升师资合作体验,发展和保留优质师资,会起到积极作用。

对于师资的售前支持、客户交流、课程交付等工作,培训机构由相应人员进行日程定义或资源使用申请,将关联的客户、项目名称、申请调配使用的专家资源、起止时间等通过系统自动提交,经过领导审核或经过师资个人确认,成为一条师资申请和调用记录。这种在线协同方式,将大大提高对师资排课的效率。(见图6-22)

图 6-22　师资调用

对于不同的师资,相关人员可以通过"自定义标签"进行标识和管理,也可以在评价中随机生成自定义标签。在与讲师的合作场景中,包括讲师与客户的交流沟通、售前支持、交付过程、课后辅导反馈等环节,相关人员可以针对讲师的表现进行评价,同时以标签的方式进行签注。这样经过持续的积累,就会形成对每位讲师的"大数据画像"。(见图6-23)

资源管理	资源设置	标签设置	资源控制		添加标签
资源类型		标签名称	标签使用次数		操作
公司自有师资		内容专业	--	✐修改	🗑删除
		控场超强	--	✐修改	🗑删除
		案例精彩	--	✐修改	🗑删除
公司高管		气场足	--	✐修改	🗑删除
		客户思维	--	✐修改	🗑删除
		懂客户业务	--	✐修改	🗑删除
		赢率高	--	✐修改	🗑删除
外部合作师资		课酬低	--	✐修改	🗑删除
		风格活跃	--	✐修改	🗑删除
		熟悉行业	--	✐修改	🗑删除
		经验缺乏	--	✐修改	🗑删除

共1页/11条数据　< 1 > 跳转至 ____ 页 Go

图 6-23　自定义标签

有了大数据画像，当有同类客户、同类需求、同类交付场景出现时，为其自动匹配最适合的师资，也就成为一种可能。未来的师资匹配会交由数据来完成，培训机构可以通过工具和数据，确保交付师资较高的匹配度，以提升课程交付满意度。

结篇

成就企业培训销售精英

人力资本是最重要的资本。培训和人才发展是企业前进的动力源。我们在这样一个时代，为企业的能力建设和人力资本做出努力和贡献，是一个功勋卓著的伟大事业。

我们已经对企业培训的行业趋势、客户结构、销售流程、销售技巧以及业务管理进行了探讨。成为企业培训销售精英，为客户创造价值，成为受业界尊重的人，是我们共同的目标。

职业、专业、敬业是成为精英的必备条件。

找准突破点

从销售业绩提升路径来讲，每位从业者都要清楚，如何才能有效提升自己的业绩。（见图7-1）

面对特定的目标客户群，我们通过触达和激发兴趣，进入销售漏斗的商机、意向、方案、商务、成交等阶段，可以完成一次交易。

在这个过程中，线索转化率、有效商机数量、销售周期、商机赢率、订单数、每单单产、合同额和回款比都会决定销售业绩。其中，有些指标与销售业绩正相关，有些指标负相关。我们把正相关的作为分子，如线索量、线索转化率、商机赢率、每单单产等，值越大，绩效越好；把负相关的作为分母，如销售周期、资源投入等。以更少的资源投入，在更短的时间内完成工作，业绩指标也会提升。

我们曾做过一个测算，如果每个分子值都有5%的提升，每个分母值

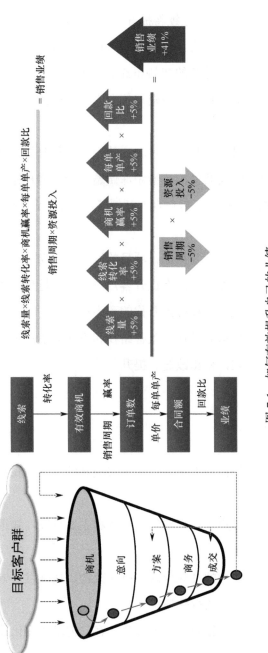

图 7-1　如何有效提升自己的业绩

都有 5% 的降低，那么销售业绩将提升 41%。

每位销售人员都要考虑，现在需要改进和提升的是什么，是转化率不够高，还是赢率太低；是卖的产品和解决方案的单产不够高，还是回款的速度太慢；是销售周期过长……建议每个人从中去找一到两个关键指标，并去优化或改进。

如果销售周期过长，那么通过客户的采购流程分析、销售漏斗的阶段任务管理，把每个阶段要做的事情做深做透。一旦客户停滞下来，就要分析是自己没有机会了，还是客户真的延缓了，通过什么方法能重新启动它，或者及时跟进新的商机。

如果赢率不够高，就要考虑在项目的深度上下功夫。如何赢得客户的支持？你的独特优势如何？怎么提升客户对你的支持度？怎么赢得客户的认可？例如，通过赢单、控标提升你的赢率……

所以，每个指标都有具体的改善路径和方法。建议销售人员针对当前主要指标存在的问题，做出改进和提升。

四 知道两会做

作为企业培训的销售人员，结合本书谈到的内容，我建议大家做到四个知道、两个会做。（见图 7-2）

知行业，知道客户所在行业的价值链和主要特征，知道我们所在培训行业的特征。

知客户，知道客户的商业模式、组织架构、战略发展方向、业务流程和业务策略，以及最新的变化情况。

知趋势，了解客户行业的发展趋势、客户需求的变化趋势，以及我们自身所在行业的培训技术发展趋势。

知流程，知道客户的采购流程，课程采购的流程，咨询项目的采购流程，不同产品的销售流程，要对我们所做事情的规律有清楚的了解和认知。

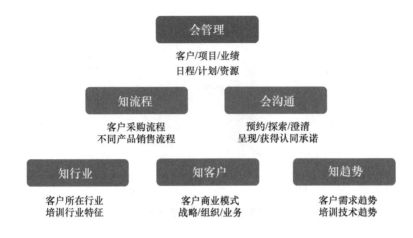

图 7-2 "四知道两会做"

会沟通，这也是销售人员的基本功，也是创造差异化的关键，包括客户预约、需求探询澄清、呈现优势、获得认同承诺，通过沟通赢取客户的信任，推进销售的进程，从而赢得我们期望的结果。

会管理，管理好自己的目标市场、目标客户群，管理好自己的项目商机和业绩。对于平时的日程、工作计划、所需内外部资源，要有意识地主动管理。

所以，企业培训销售人员应该有"四知道两会做"。如果能把这"四知道两会做"做好，你一定会成为一名非常出色的企业培训从业者。

成就精彩人生

下面和大家分享一下我心目中的企业培训销售工作。（见图7-3）

企业培训行业的销售工作，是一种高度依赖人的专业服务，从业者需要"集智慧和才华于一身"。

图 7-3　企业培训销售工作

这项工作本身就是一套科学的方法论，需要结构化的知识和能力的支撑。它是有流程和逻辑的，它是一项有较高技术含量的工作，所以它又是一个技术活。

它是一项形势复杂、任务复杂、"人际复杂"的工作，无法按标准的流程和步骤完成。在销售的过程中，销售人员需要处理很多动态变化的情况，需要面对复杂的销售形势，需要很多艺术的方式方法去处理，所以销售本身又是一门艺术。

在销售的过程中，对很多事情的灵活应对、各项工作的顺利开展，需要销售人员不断地积累经验，在积累中沉淀，在沉淀中酝酿、升华，所以又和经验密切相关。

这项工作其实也是在帮客户发现问题、定义问题、解决问题，通过整合身边的资源，帮助需要资源的人对接，创造双赢的结果。这是在帮助别人的同时获得自己的成功，因为帮助别人创造价值，而自己赢得价值增值部分，所以这又是一门生存的智慧，也是一门哲学。

从事企业培训的销售人员，做的是无形服务，但也是专业服务。希望我们能够思考自己的生涯规划，制订一份自我提升和实施计划。无论是关键销售指标，还是"四知道两会做"，都在帮助我们找一些突破点，实现自我提升。

每一位从事企业培训行业的人都希望通过自己的专业服务赢得认可，创造更大的价值。我们坚信，在这样一条道路上奋勇前行，用科学的思维和方法、艺术的技巧和手段，结合经验的沉淀，追求人生的哲学和人生的大智慧，每个人都会获得幸福和圆满的人生。

发掘"人力资本"的力量

人的力量是无穷的，资本的力量也是无穷的。

企业是由人构成的，企业是靠资本运营的。

企业经营是价值增值过程，在企业为客户提供产品和服务的价值增值过程中，"资本"起着至关重要的作用，"人"起着根本性的作用。

在上游取得资源，经过加工形成产品和服务提供给下游的价值增值过程中，企业需要投入三种核心资源：人、财、物，即人力资本、财务资本、工具设备，这三种资源的投入和运营，成为支撑企业生存和发展的关键。

财务资本通过自有资本、金融市场和资本市场获得。工具设备在信息化时代已日益先进和成熟。随着信息化和数字化的进程，企业需要用人的岗位越来越少，同时对人才的要求越来越高。

反观人力市场，人才供给与企业人力需求缺口日益明显，差距日益拉大。同时企业现有人员能力尚未完全胜任工作岗位和任务需要，人力资本经营与企业发展所需能力的矛盾日益突出。相对资本市场和工具设备，人力资本已成为制约企业发展的瓶颈。

发挥人力资本的更大价值，需要从准入标准、流程与任务、考核与激励、发展与保留等角度统一规划和经营。而这些方面恰恰是很多企业尚未找到有效方法甚至忽略的环节。

首先看准入。

目前，国内很多企业人员的准入并不像设备那样先"设计、安装、调试、试生产"之后再"正式投产"，虽然有的企业会用"岗位职责说明书"，有的企业制定了能力胜任力模型，有的企业使用能力测评系统与工具，甚至有的企业实现了人才规模化定制，而大部分企业在人员准入时更多的是凭当时的临场发挥，或者仅靠面试官的感觉。

这导致了两种情况，一是招聘来的新人和选拔出的干部取决于他现任岗位的既有成绩而不是目标岗位的胜任能力，这种判断更多源于面试官的"个人感觉"，而面试官通常只会选择能力低于他的，或风格和他相近的人；二是如此选拔的人员的"胜任力"和"存活率"都很难达到预期，而这只有在工作半年或一年之后才体现出来，而此时的损失已经发生。

某项调查显示，中层经理目标岗位的胜任力是47%，而未经系统训练的销售新人半年后的成活率仅为23%。企业为选拔和任用这些人花了多大成本呢？这些人又在岗位上浪费了多少商业机会呢？这种资本经营的结果投资方会满意吗？

其次看上岗。

很多传统企业的员工几乎没有什么正规的业务或操作训练就直接进入目标岗位。企业希望他们能够直接胜任这个岗位的工作，美其名曰"实践中摸索""边干边学"。

很多管理者认为员工的成长和成功取决于他自己的"梦想""事业心""责任心"。只要自己努力了，到处都是机会。一位很有事业心的朋友如是说，"这几个月来，一直苦苦挣扎、迷惘、困惑，怀疑自己，自信心丧失，几乎走到崩溃边缘，看不见曙光"。

有的企业采用"师傅带徒弟"的方式。而有一位"师傅"曾苦恼地和我说："我的本事他学不会，我的毛病他倒学了不少。说实话，我也不知道应该怎么带他。"

在这种情况下，不管是师傅还是管理者，他们自己也不知道怎么做是"对"的。特别是一些管理类、销售类、业务类的非操作员工，没有具体的工作和任务流程，标准泛化不可衡量，没有行为和章法，有的只是自己的经验。

有时候，师傅或管理者想指导、想传授，但不知道应该传哪些、怎么传，何况"教会徒弟饿死师傅"。师傅和能手一旦离职，这个岗位就成了能力"洼地"。没有标准的流程指导，没有具体的任务和动作规范可以学习参照，只是让员工根据自己的理解和感觉随性发挥，工作效率和效果大打折扣。那些优秀经验不能被复制，人员变动直接影响团队绩效，这样的"人力"是在当作"资本"经营吗？拥有这样的"资本"的结果是什么呢？

再次看评价。

成功有一万个因素，失败也有一万个理由。没有标准的流程、任务、动作的规范和标准，结果便无从考量。一旦考核有失公允，影响的不仅是这些岗位的人，也会影响"人力资本"的源泉——人心！

不同于工具设备，人有思想，有感情，有情绪。人的职业发展受自己的目标、动机甚至暂时的情绪影响。人们从事某项工作久了，就会失去激情和动力，进入职场曲线的"水平期"。很多人在一个岗位工作两三年进入"躁动期"，工作五到七年进入"疲倦期"，没有了新的目标、动力和激情，工作的效率开始下降。

最后看态度。

人的行为取决于对价值标准的判断，价值标准的判断源于个人在某个阶段的动机。将自己的目标、价值观乃至动机与工作内容有效结合起来，让个人目标与组织目标相一致，建立个体与团队共同的积极态度，探索与激发共同的动机，统一评判标准，这必将打造一支有激情、有战斗力的团队。

综上所述，工作流程和岗位任务的标准化、流程动作对人员能力要求的精细化、工作结果的评判考量的合理化、关注并激发人的主观态度，成为"人力资本"经营的关键。

下面换个角度。

企业都有自己的定位和发展战略。战略由多个方面的业务策略来实现。每个业务策略由不同的组织和人去完成。所以，具有某些特定能力、能够按照工作流程和标准完成任务的"人"成了战略实现的重要因素。

因此，很多企业越来越关注人力资源的发展，包括开始在人员培训上不惜重金，希望通过一些培训解决人员的能力问题、业务问题甚至战略问题。这就为咨询培训行业，包括企业培训师、咨询师提供了生存的空间和土壤。一时间企业培训市场如火如荼。有些企业在不断引入名师、名课，或者不断组织内训后，却发现钱是花了，结果却事与愿违。这是什么原因呢？

究其根本，一些企业常年投在"人力资本"经营和开发上的各种"培训"，并没有全面和系统的规划，而是根据市场上的名师、课表，结合企业岗位人员的大体能力模型和偏好来选择。这些"培训需求"并非源于企业战略和业务策略，也并非源于企业业务特征和工作流程的分析，更没有面向具体岗位的任务，以及面向经理员工完成该任务的特定技能。

既然其"本"没有把握好，那么其"末"自然就像现在大家看到的一样，企业在选择培训课程和老师时没有依据，只能根据老师的"名气""风格""口碑"来决定，审审老师的简历是不是丰富，看看老师的讲课录像是不是热闹，听听服务过的客户是不是有名气，除此之外，确实也没有更好的办法。所以，一些"名嘴""大师"也就有了市场，当年"听着热闹"的"机场评书"泛滥也就不足为奇了。正如某专家说的，"大型公开课出问题了，拓展培训成旅游了，光盘一上网就免费了，企业内训不赚钱了，会销模式太伤人了。不怕110，就怕010，电话营销快成'性骚扰'了"。而这些培训对企业"人力资本"的开发能有多大帮助呢？

"经营"需要调研、分析、规划、实施、评估一系列工作。"人力资本"的经营是一个全面、系统、持续的工程。这是一件以企业自身为主的工作，是企业自己的事情。

企业或许可以基于明确的战略目标和业务策略，针对具体的组织分析并定义标准的业务流程，基于流程的分解找到关键任务，分析完成关键任务所需能力的分类和特征，制定系统化、个性化的人员训练和培养方案。

这些培训方案或针对一个专属领域，或针对一个任务专项，或针对一批特定人群，将关键任务、关键能力需求、人员现状水平、关键能力差距、培养和训练计划系统地关联起来，才能将现有的业务结果和绩效水平向目标进行推进，而这些目标直接关联企业的绩效和战略。

在充分竞争的市场环境中，工具设备的差异日益缩小。财务资本已经像水一样，哪里有利可图就流向哪里。而人力资本是资本项目里提升空间最大、最可能创造企业的独特差异优势和竞争力的领域。

在这种情况下，本土势必涌现一批帮助企业分析战略支撑、提供战略支撑的能力建设和人才培养方案、帮助企业改善关键经营指标、提升企业绩效的专业机构。西方的经验告诉我们，这些能够为企业提供解决方案的供应商和战略合作伙伴，势必成为世界一流的机构。

30年前，谁意识到市场经济是什么，谁就抓住了机会。20年前，谁拥有独特的关系和资源，谁就抓住了机会。10年前，谁拥有能规模化销售的产品，谁就抓住了机会。今天，谁为客户提供专业的解决方案，谁就抓住了机会。明天，谁能够整合"资本"和"人"，谁就抓住了机会。

谁能发掘出"人力资本"的力量，谁就将基业长青。

和越（北京）网络科技有限公司

和越（北京）网络科技有限公司聚焦 B2B 销售数字化赋能平台与服务，深刻洞察数字时代 B2B 大客户销售行为与增长逻辑，为客户提供体系与方法论构建与赋能服务，通过开展系列精品版权课程培训、电子沙盘对抗训练、内训师和实战教练培养、营销拓展在岗辅导、技能竞赛等，依托训练 SaaS、应用 SaaS、积分运营 SaaS、技能竞赛 SaaS 的"训战赛一体化平台"，赋能组织销售绩效和销售个人成长，提升"销售力"与"组织绩效"。

公司为中国电信、华为、中国平安、腾讯、联想、科大讯飞、太极计算机、中国建研院、广联达等名企提供服务。连续多年为客户提供营销训战运营、精品课程内训师认证、课程培训和实战辅导、营销技能大赛等 SaaS 应用和运营服务，开课 5000 余场，训练学员超 18 万人次，开展赋能项目 200 余个，服务全国及欧洲、美洲、中东非、东南亚等超过 1000 家企业。

使命：幸福销售人

愿景：B2B 战略变革与绩效提升首选平台

文化：开放、众创、共赢

价值观：客户导向、全情投入、探本求源、勤谨守诺、互相成就

赢单罗盘

针对企业培训业务特征，从业务团队多行业、多客户、多产品、多项目管理、团队协同、课程及方案项目跟进、客户拜访、销售日程、销售周报、业绩预测管理等维度，赋能企培销售团队，提升销售业绩。

扫码体验赢单罗盘